# 秋田の唄っこ

## ―伝えた人々、根づいた民謡

麻生正秋

# 目次

# はしがき

平成二十三年（二〇一一）『ふるさと秋田・民謡ノート』を発刊してから十年の歳月が流れる。秋田に伝播し定着した民謡、そしてそれが又、新たな曲調をもって秋田民謡として生まれる。そうやって数多くの秋田の唄っこが県内外の人々に愛されている現実を考える時、何か民謡のもつ懐《ふところ》の深さを感ずる。その思いを綴ったのがこの一冊であった。

今またあらためて、ふるさとになくてはならない民謡を続編として考えてみたいと思い二冊目を刊行することにした。多くの人々が生まれ故郷に帰るとき、親類縁者との出会いに期待をふくらませると同じ様に、民謡というにおいにふれたくなるのはごく自然の感覚ではなかろうか。

今回は、そういう数ある民謡の中から「ひでこ節」「荷方節」や「新保広大寺」の影響を受けて成立した飴売節などの民謡、あるいは盆踊唄として親しまれてきた民謡などについて、考えてみた。特に、盆踊唄については、今から二百年以上も前に菅江真澄が五城目で歌い踊られていた姿を記録した内容や畠山鶴松翁の記録した明治の頃の様子などについてもふれて、どんな「唄っこ」が人々に愛され親しまれていたかなどについてもふれてみた。

また、秋田民謡の研究とその発信に情熱を燃やした小玉暁村（本名・久蔵）、その人に光をあてて彼の仕事に対する考えや交流した人々との周辺を探りながら、私の思いをも綴ってみた。

暁村には五つの顔があった。その一つは教育者、社会活動家としての顔。二つ目には「暁村」という俳号をもつほどの俳人という顔。そして三つ目には、曽孫小玉久視《ひさし》氏が所蔵されている書や俳画などにみる書家としての姿。四つ目には、秋田民謡の代表的な歌い手ともなった黒沢三一や角館の飾山囃子の若い踊り手を多数指導したように人材の育成を手掛けた人物であった。五つ目には仙北や秋田県内の郷土芸能や民謡の研究に情熱を傾けた人という顔を持つ。

本書では、彼と交流のあった人々とのエピソードもまじえて、この五つ目の顔を中心として暁村の人となり、ものの考え方などを書きすすめた。

さらに、多くの方々に理解を深めてもらえるよう、できるだけ、地図や図表を入れる工夫もしてみた。

なお、本書をまとめる上で、様々なところで井上隆明先生の整理、研究された資料も参考にさせてもらった。その井上先生が、令和三年一月九日、他界された。一般には近世江戸文学などの文芸評論、研究で知られた方であったが、実は、近世近代をとおしての数々の民謡や民俗芸能にも精通した人であった。この場をかりて、改めて哀悼の意を表したいと思う。

読者諸氏には、本書からこれを機会に、さらに秋田民謡の広がりや面白さ、そして小玉暁村の秋田民謡への思いなどを読みとっていただければ幸甚である。

令和三年三月

著者記す

# 第一章　伝播した民謡—地域に根付いて新たに誕生

## 1　秋田民謡「ひでこ節」

### ⑴　はじめに

秋田県仙北地方の北部一帯、北浦地方と通称される地域に、名曲「ひでこ節」が現存する。一般には春の雪どけの後、山菜とりなどの山行き唄として分類されているもので、後に、酒盛唄に転用されて、一般に広まったものとされている。「ひでこ」は山菜牛尾菜（しおで）の秋田方言をさす。土地によっては「ショデコ」とか、「シュデコ」などという。従って「秀子」と記すのはうまくないであろう。

私達が今日、レコードやCDなどで聴く「ひでこ節」は、秋田民謡を代表する名曲といってよい。オーケストラなどにも編曲しやすく、また、非常に美しいメロディーを持つため、西洋音楽を好む人々にも親しまれやすい。この「ひでこ節」であるが、この唄を世に広めるのに一役買った人物に、太田秀月という人がいたことはあまり知られていない。昭和7年、菊池淡水の尺八、菅原藤一郎の三味線でコロンビアからレコードが発売されている。太田秀月は本名、永五郎さんという方で、角館町岩瀬にある太田洋品店ゆかりの人である。私は、平成16年の初春、まだ雪の残る角館町を訪問した。今、太田洋品店は、太田善貫さんという方の息子さんが後を継いでいる。善貫さんは永五郎さんの養子にあたる方だが高齢の上に、あまり永五郎さんのことを知っていないとのことであった。実のところ「ひでこ節」にも、さして関心がなく、こうやって民謡の成立や普及の事情が消えていくものだなあと、つくづく感じた一日であった。

名曲「ひでこ節」を残した太田秀月の他に、黒沢三一なども、今日の歌い方をはじめた一人でもある。戦前の東北民謡を語る上で、今日につながる民謡の数々を編曲した武田忠一郎や小玉暁村の業績を語る人は多いが、唄の上手な人物の存在も重要といえる。

　昭和35年『西木村の郷土芸能』を著した佐藤祐介は、「しゅでこ節」として、この唄を次のように紹介している。

「調子は二上りで、北浦地方にうたわれる民謡のうちでは、すぐれた魅力を持っている。この唄には踊りがなかったが、昭和20年頃、本村六本杉の踊りの師匠佐藤好子さんの振付けで本村同好芸能人の得意とする踊りである」と記録している。この時にはもう現在歌われている「ひでこ節」が定着していたことを物語る記録であるとともに、踊りがつかなかった唄であることが理解できる。しかも踊りの成立が昭和20年頃であることもわかる。

　これらを総合してみると、唄の成立とその後の動きがよくわかるもので、もともと山行きの唄であったものが酒盛の唄に転用され、西洋音楽風に編曲されて、歌手により広まり、そして踊りが振り付けられ、はなやかさを増していく。素朴な味わいから、はなやかな舞台用の歌へと変化していく様子がこうした記録や事情から想像がつくといえよう。

## ⑵「ひでこぶし」その伝播

『仙岩峠―歴史と文化』という最上源之助氏の名著が残っている。昭和51年に著されたものであるからそう古いものでもないが、ひでこぶしについて大変興味あることが記されている。

その一つに、岩手県の三陸海岸の北部、下閉伊地方の「そんでこぶし」のこととして、町田嘉章の話をのせた部分がある。町田の話として、「伝説として、北畠顕家の子、兼清が下閉伊郡小川村にのがれ、隠れ住むことになるが、随臣の佐賀宗房、橘兼清が〝しおで〟を好み、庭に栽培して、主君のなぐさみにしていたが、兼清が京都辺で歌われていた当時のふしをつけて唄にしたのが始まりである」と記していることである。北畠顕家の子等といえば、足利政権追討の残党のことであり、彼等の非運と生活を歌ったものであるという。

かの鹿がナァ　コラ　岩の狭間《はざま》で　昼寝したナ　コラ　ソンデコナー

昼寝したナァ　コラ　狩人《またぎ》来るのを　夢にみたな　コラ　ソンデコナー」

と、歌うものである。俗に、「かの鹿」とは亡命の人々、「岩の狭間」は奥州、小川の里の隠れ家、「狩人」とは追討の武士などをさしているという。

曲調としては詞型が、575型の形式をとることと、尻取り式で最後の5文字をくり返すことから、古い形を残すものという。古い言い伝えと、曲調の古さ、曲節の単調さなどを考え合わせると、比較的早い時代から、南部下閉伊地方で歌われていたものなのであろう。

その二つ目として、秋田の「ひでこぶし」についてということで、菅江真澄の「小野のふるさと」の中で天明5年、湯沢の医師、榎本氏英のところで滞在中の4月2日に聞いたこととして紹介していることをあげている。「…ある老人が、山菜とりにいってきたみやげといって、ほな、いはだら、あいぐさ、こごみ、しほで、しどけ、ふすべ、もちぐさなどわたしの聞き知らない菜を、かごべもやぶれるほど持ってきたのを、とりあえずお汁のみ（中身）にしようと、女たちと一緒に細い流れのあるところにおりて行った。女たちがこの草を洗いながら、声もおもしろく

この沢の　ほなとしどけが　ものいわば

おさこいたかと　きくべもの

はやしことば『このしほでこへ』と歌う。ほな、しどけ、しおでこもみんな草の名である」と現代語訳でのせている。「若い男女が野山に『しおで』を摘みに行く仕事歌で、春の野山の唄である」と説明している。注目すべきことは、はやし文句について、岩手では「コラ　ソンデコエー」とするが秋田では「コノ　ソンデコエー」とするとしたことである。しかし私はこれについては氏の見解に異論がある。というのは、鹿角地方に残る「ソンデコ」は、はやし文句、「コノォーソンデーコェー」という歌い方になるので、かならずしも南部のものが「コラ～」で、秋田

のものが「コノ〜」でなければならないというものでもないと思われるからである。また、真澄の文中の歌の部分であるが、詞型が5775の形をとることがわかる。この後の続きの歌詞がないので、確実なことはいえないがここの部分は、後に歌い方に尻取り式に「あや」が入るようになって、

この沢の　ほなとしどけが　ものいわば

ものいわば　おさこいたかと　きくべもの

となるであろうから、それより前の時代の歌い方を記録したものといえる。同じ真澄の「ひなのひとふし」の中にも津軽路の山唄として次の唄が紹介されているが、これも、尻取り形式を欠いている。あるいは省略したとするならば、そういう表記で日記や文献を記したことになるが、やはり、考え方としては、真澄の時代の俚謡の歌い方なのであろう。

牡の鹿がやい　岩の狭間に　昼寝して

またぎ来るかと　夢に見た（５７５７５形式）

さて、この中で、もう一つ注目すべきことは「おさこ」とは何をさしているのかということである。これについては最上氏は何もふれていない。そこで、私なりに、「おさこ」とは何なのかを考えてみたい。実は、山形県村山地方に、祝い唄として残る「オサノコ節」というのがある。「オサノコ」とは「おさなご＝幼児」のことであるという。

てでっぽぼがナー　裏の槻の木　オサノーコ　サノーコ　巣をかけたナー

巣をかけたナー　風が吹けども　オサノーコ　サノーコ　子は育つナー

と歌っていくもので、「そんでこ」「ひでこ」とよく似ていることがわかる。こうしたことから「おさこ」は「おさご」で「おさなご」と解する見方が一つあろう。

山菜とりから帰ってきた村人が、子どもの無事を確認するくだりなのだろうか。

しかし、私は別の見方をしたい。それは、「おさこ」＝織子（おさこ）とみる考え方である。生保内に残る古い歌詞に次のようなものがある。

コラ　十ぉ七コナァ　前のナ　半戸《ながと》サ　機《はた》立てたなァ　コノ　シュデコナー

コラ　機立てたなァ　登るナ　杣人《そまと》ヲ　見るとせばナァ　コノ　シュデコナー

コラ　見るとせばナァ　オサもナ　かぎたも　手につかぬナァ

コノ　シュデコナー

当時の村の女性達の大切な仕事に糸よりとか、機織りがあったことは、よく言われることである。このことから「オサ」は「織る」と関係があるのではないか。「オサコ」とは、「機織りする娘」のことなのではないだろうか。真澄は、女たちが歌うのをそのまま表記していったのだろう。そして、会食の時に、医師との話の中で、村人のくらしぶりも話題になったのではないか。村の若い男子にすれば、織子の存在は、見られなくても見たいものである。どんな娘子が織っているのであろう。山菜とりから帰ってきた村人は、「あの娘、元気でいだべがな」と聞きたくなる。概して、ひなうたは恋の唄にもなり得るものであった。

その三つ目として、「ひでこぶし」の伝播を「岩手↓秋田↓山形」と考えていることである。これは、類歌の残存することからの推論と思われる。山形県の村山地方には、「ションデコ」という名で残っているが、宴席用の座敷唄や祝い唄に転用されている。だから歌詞にも、

大黒がナー　奥のヤーレ座敷に　昼寝した　コノ　ションデコエー
昼寝したナー　白きヤーレねずみが　金運ぶ　コノ　ションデコエー

という具合に変化することになる。もうこの段階では、隠れ里にすむかの鹿もいないし、山菜のしおでもない。かすかに「ションデコイ」に「しおで」「ひでこ」を感じさせるだけである。多分、新しい時代に伝わった唄なのであろう。そういえば、由利郡鳥海地方の長坂というところに「長坂節」というのが残っているが、これは土地の旧家、嘉左衛門家の嫁を歌ったものと伝えられている。嫁の名は「しゅん」、矢島から嫁ぐも文化元年に没しているとのこと、この嫁の名にかけて「この　シュンデコアエー」としたという。

長坂の　嘉左衛門　ヤーレ　おつぼの白つつじ　この　シュンデコアエー

白つつじ　咲いたヤーレ　つぼんで　また開く　この　シュンデコアエー

と歌う。この他の歌詞には、「鹿の獅子は…」とするものもある。曲調から考えて、山形の「ションデコ」と類似していることがわかる。どちらが新しいか古いかとなるとはっきりはいえないが、村山地方のものの逆移入も考えられようか。また、成立の時代を幕末から明治期に比定しておくならば、「かのしし（が）…」の歌詞は広く伝播していたものであることもわかってくる。

## (3) 田口古心や小玉暁村などの記録

生保内の民謡をこよなく愛した田口古心こと田口秀吉さん。その田口さんが昭和28年に著したのが『民謡のおぼない』である。この中で「ひでこ節」を土地で呼んでいる名称「しゅでこ節」で紹介している。

この唄の起源について、氏は、慶長から元和の頃としている。また、久保田領内の田畑丈量検地が慶長17年に終了し、年貢米の制度も改定された頃、生保内、潟、田沢の各村は、米の代わりに薪を流送、貢納していた。この為、藩有林が無償で解放され、「御薪木係り」がおかれ度々藩役人の出張があって薪の検収を行った史実をのべている。

こうした史実を歌詞に織り込んで歌われたものが「しゅでこ節」であるとするとともに、生保内が生んだ優れた芸術の一つであるともしている。また、現在（昭28）、宣伝されているものは、村外人によって歌われたものであるとし、暗に小玉暁村等の編曲による新民謡化への姿勢を批判していたのではないかと思われる。

また、昭和41年の『田沢湖町郷土史』によれば、山登りの唄即ち山唄としての歌詞、草刈唄としての歌詞、酒盛り唄としての歌詞と分類して掲載されているが、こうした分類にも田口さんがかかわっていたことをうかがわせる。

一般に歌詞を比較することで、広く歌われているものに誤りを発見できることがある。

田口さんが残した記録から、それぞれ分類された唄の代表歌詞を列記する。

山登りの唄として

十ぉ七コナァ　今年なァ　初めて　山登りなッ　コノ　シュデコナー

コラ山登りナァ　沢のなァ　出口に　小屋掛けてなッ　コノ　シュデコナー

コラ小屋掛けてナァ　肩になァ　まさかり　腰になたなッ

　　　　　　　　　　　　　　　　　　コノ　シュデコナー

草刈唄として

十ぉ七コナァ　今朝のなァ　朝草　何処で刈ったなッ　コノ　シュデコナー

コラどこで刈ったなァ　日干なァ　長嶺の　その下でなッ　コノ　シュデコナー

コラその下でなァ　くぞのなァ　わかもえ　葉広草なッ　コノ　シュデコナー

酒盛唄として

よい酒コなァ　親になァ　飲ませて　我が飲めばなッ　コノ　シュデコナー

コラわが飲めばなァ　砂糖かなァ　甘草か　夏梨かなッ　コノ　シュデコナー

コラ夏梨かなァ　一夜なァ　造りの　甘酒かなッ　コノ　シュデコナー

この三つを比較して理解できることは、第一番目の歌詞には〈コラ〉がつかなくて、二番目からついていることである。また、後に〈コラ山登りナァ　肩にナァ　まさかり　腰になたなァ…〉というふうに歌詞をつめてしまうが、歌により作業の手順がきちんと整理されていることである。さらに、草刈唄として歌われる歌詞中の〈十ぉ七コナァ　今朝のなァ　朝草…〉となっており、現行歌詞の〈若草〉が誤りであることが理解できる。また、ここでは直っていないが〈日干長嶺〉は〈烏帽子長嶺〉の誤記であろうか。

酒盛唄のところでは、酒造りとその材料が明解に歌われ、今日では知ることのできない生活の一端がわかる。

　こうした一連の記録から、今日とは大部違った感覚で「しゅでこ節」をながめることができよう。たくみに一つ一つ物語がつくられていったところに「生保内のしゅでこ節」の価値があるといえそうだ。

　一方、小玉暁村も昭和9年、『郷土芸術往来』を著わす中で、「牛尾菜ぶし」にふれている。この中で、「先年、仙北の生保内村で、この唄を秀子ぶしと誤記しているが、秀子という女の名かのやうにおもふてゐるが、それは全く誤りである。歌詞の内容からそれは男でなければならぬから秀治秀吉をかくいふを秀ことしたものであるという臆測はとんでもないこと」と論じているが、かつてそういう論争があったのであろう。

　また、菅江真澄の「ひなのひとふし」の中の臼挽き歌中のものも紹介し、

いわだらや　いはで　しほでの　しほしほと
せめて一夜を　草枕

（注）いわだら ― 赤升麻

しほで ― ひんでこなり、このしほでのくきを折れば塩気あり、

塩出の言葉たり、とりくらふなり

を引用している。これは史実を考証する上では重要な資料である。やはり「しおで」は「塩出」の言葉と思う。山菜の味の特徴からついたと思われる。また「ひんでこ」と呼んでいたこともわかる。今でも秋田では「塩（しお）」のことを「しょっこ」という。「塩気が足りない」ことを「しょっけね（ない）」という。やはり「しお」が「しょ」で、「しょでこ」なのである。こういう考察は、小玉暁村のすぐれたところではないかと今も思っている。また、次のような説明も加味している。すなわち、

「この唄は、早苗振《さなぶ》りを終った村の娘達が相携えて緑の色あざやかな若草の沢辺

にしをでぐさをつむとき、心ゆくばかり大気を吸うて、朗らかにうたったのだ。最も野趣に富むうたで、村の若者たちの冬から春にかけての労作を謡った歌詞などもあるところが殊更に面白く思われる」と詩情の豊かさを論じているのが印象に残る。ただ「この唄、大分はやい唄で、享保の頃にもうたはれたといふがさうかも知れぬ」とは何を根拠に述べたものかはわからないが、詞型からみても古い形式を残していることは前述したとおりである。

もう一人、昭和6年『白岩村郷土史』を著した高木徳治という人がいる。氏は、「シュンデコ節（鹿尾菜節）」と記す。そして「近来各地に類似の変体が出来て、其真髄を誤らんとするは甚だ惜しいことである」と述べるとともに「何時頃何人の作になったものであるかは知る由もないが、相当古いものの様に思ふ」ともいう。山登りの歌と朝草刈の唄の二種類を紹介しているが、氏の記録では、

〈何処で刈ったナー　烏帽子ナー　長嶺の其の下でナ　このシュデ子ナー〉

と表わされたところがあり、〈日干し長嶺〉と誤記していないことが注目される。いずれ、これに類する唄は、北は鹿角地方や米内沢地方、そして生保内、田沢地方や白岩地方に残っている。前述した三種類の唄の記録は、岩手にはすべては残っていないようだが、このことから、広く秋田の地で、村人たちが歌い継いできたものであることは確かであろう。

## (4) 検証―『秋田郷土芸術』の内容

昭和9年、小玉暁村は『秋田郷土芸術』を著わし、多くの秋田民謡を世に紹介した。この著作は、武田忠一郎による東北の民謡紹介に多く示唆を与えたものである。さて、この中で、「ひでこ節」について、その唄い方や菅江真澄の残した記録等を述べながら、俚謡としての特色を論じている。

まず、その唄い方については、玉川沿いのものと桧木内川沿いのものがあるとしている。玉川沿いのものは、田沢・生保内・白岩といった地域で歌われるもの、桧木内川沿いのものは、桧木内、西明寺、中川といった地域で歌われるものと、それぞれ分類している。曲節による差から出た分類であろうが、大方は類似のものといえよう。

次に、文献に残ることとして、菅江真澄の記録を紹介している。その一つは、「小野のふるさと」のところに出てくるもので、

「此澤の　ほなとしどけがものいはゞ
　おさこゐたかと聞くべもの　このしほでこへ」

が、その歌詞であるが、これについては前述したとおりである。小玉暁村は、これを今のひでこ節とみている。

次は、「ひなのあそび」五丁目の盆踊条に出てくるもので、

「其躍に品あり　あねこもさ、袖子おどり　云々」

という記述で、今の南秋田郡五城目町辺りで歌い踊られたことの記録を引用して

いる。暁村は、この「袖子おどり」が、ひでこ節の踊だったのではないかと考えている。しかし、私は山本郡も含めたこの地方の盆踊り唄の中には、「○○○○○このそでこへ」と唄の末尾に調子を揃えるための唄がけっこう存在していることから、「ひでこ節」との関連を直接は考えたくない。字もそのまま娘達のゆかたで踊る姿や芸人によるあでやかな振袖を表現して、「袖子おどり」とでも呼んだのだろう。少し気になる俚謡「あねこもさ」とともに、真澄にとっては渓口集落であり、物資や人の交流の要地であった賑やかで大きな町、五城目の出来事は、記録するに価するものであったに違いない。ただ確かなことは、鹿角の「そんでこ」という民謡の曲調に類似するものであろう。

三つ目は、「雄賀良能多奇《おがらのたき》」山本郡鳥潟村の条である。

ここに十五七の唄として、次のような唄が紹介されている。

「此の日山おり酒といふを飲んで宴し、
十五七がやい　今年始めて　山上り
　　肩にまさかり　腰に鉈
いたやはなの木　伐りためて
　　流し届けて　まきそろへ
　　これを見せてちゃ　わが親に
十五七が　澤を上りに　笛吹けば

峰の小松が　皆なびく
うどの白根を　くひ初めた」
十五七が　澤を上りに　うどの芽かいた

暁村は、この後に「文化文政の頃に此唄諸処に謡われたものらしく、それが他地方は影を没したが、この地方にだけ残存する」と論じている。

このように記す論拠は何なのかは分からないが、1810年代から1830年代にかけて、広く北東北で歌われていた十五七節のことと位置付けていることは確かである。実は、一番目の歌詞は、古民謡としての「ひでこ」で歌われるものであるし、二、三番目の歌詞は、鹿角地方に残る「そんでこ」で歌われているものである。山仕事や山菜を業とする人々の姿を想像することができる。

現在、鹿角に残る「そんでこ」は、

十五七ココヨナー　サェデァー　澤を上りにィー
　チョイトコリャアー　笛吹けばァー　コノォー　ソンデーコナー
笛吹けばァーヨナー　サェデァー　峰ノ小松がァー
　チョイトコリャアー　皆なびくなー　コノォー　ソンデーコナー

と歌う。歌詞の末尾を尻取りして、歌っていく形式であり、五七五の古い形が基本となっているものである。

津軽に残る山唄「ヤエディァー」との類歌であることも、その調子に「〇〇〇〇〇ヤイ」とあるところから理解できるが、全く同種のものであるかどうかはわからない。ただ「山おり酒」の宴があり、その折に歌ったことから春の仕事始めの酒盛唄であったことがわかる。山仕事中に、このような唄を歌って仕事をすると考えるのは少し見当違いではないかなと私は考えている。基本は酒盛の席で歌うものである。

次に、暁村は〈牛尾菜〉という山菜をあげ、これが〈塩出〉（塩気を含む山菜）のことばから出ているとする。仙北地方の方言、ションデコ、ヒデコ、ショデコなどがそれにあたるとする。正手沢という地名は、牛尾菜を産する沢のことであるとしているところが面白い。実は、西仙北町の大沢郷宿の南西方にも、類似の地名がある。また前述したが、塩は秋田では、「ショッコ」ともいう。そういうことから「ショデコ」とは、よくいわれていたらしい。

更に、この唄は、「山上りの唄」であるとともに「朝草刈の唄」でもあるとするが、これは、現存する古い歌詞から想像がつく。ところで、

十七八ナァー　今朝ノナァー　若草

どこで　刈ったナァ　コノ　ショーデーコナー

どこで刈ったナァー　日干しナァー　長嶺ノ

　　その下でナァ　コノ　ショーデーコナー

の二つの歌詞は前述したが、誤記があるといわれる。その一つは「若草」は「朝草」であること、その二つは「日干し」は「烏帽子」であることといわれている。草刈の習慣と草刈場を考えるとこれは理解できることであり、後の歌い手による誤記ではないかと私も考えている。

最後に、「杣子唄」をあげ、これと「ひでこ節」との同類系を論じている。このことは、鹿角地方の八幡平各地に残る杣子唄や木こり唄、山子唄などがあることから想像がつくし、前述したような「鹿角そんでこ」の存在などからもうなずけることである。

以上、暁村の説明を丁寧にみていくと、当時として検証しうる範囲を示すものとして貴重な記録といえよう。ただ、単純に似ているからといって「十五七節」を「津軽山唄」と同じと即断することは避けたい。山唄が草刈唄へ転用することは十分にあり得るし、逆もあり得る。そして、酒盛唄として多くの村人に歌われてもいくのである。「津軽山唄」はかつて赤石川、奥入瀬川、岩木川などの急流を利用して木材を運ぶときに歌われたと言われる。後に尺八の伴奏が入り、芸人の手も加わり、お座敷唄、祝い唄として歌われるようになったことはよく知られている。もとは多分鹿角地方に残る「山子唄」に類した曲調で、山仕事をする人々にとっては仕事始めの無事祈願も含めた、祈願の唄でもあったのであろう。

曲は、残っていない時は容易に想定はできないけれども、現存する、類似の歌詞をもつ唄の曲調で比定していくことが大切と思う。類似の歌詞や詞型のみでは比定してはならないことだけは確かであろう。即ち、「音」が残っているかどうかがいかに大切であるかということなのである。それが、いわば「十五七節」イコール「津軽山唄」とならない理由でもある。

## 2　もう一つの小論として――
## 「そんでこ節」「ひでこ節」という民謡の世界

### はじめに

民謡の国〝秋田〟。その民謡の多くは越後の新潟方面から伝播し定着、変化したものが大半であるが、よく調べてみると、意外にも南部地方を発祥としたり経由して入り込んだ民謡も結構みられる。その代表的なものの一つに〝ひでこ節〟をあげることができる。

民謡好きな秋田の人ならば必ずといってよいほど口ずさむ〝ひでこ節〟。小玉暁村や黒沢三一といった民謡人の他、〝秋田追分〟の生みの親である鳥井森鈴も〝ひでこ節〟をこよなく愛した一人であることは小説家・伊藤永之介も知る話である。

本論はそんな〝ひでこ節〟の姿やまつわるエピソードについて述べてみようと思う。

## (1) 山行きの唄に分類される「そんでこ節」や「ひでこ節」

「東北民謡の父」と称された武田忠一郎。彼は現地調査を通した研究で〝ひでこ節〟の仲間と考えて様々な地域の唄を紹介した人として有名である。盛岡郊外の本宮の草刈唄、紫波地方佐比内のしょでこ節、鹿角市宮川の山子唄、二ツ井荷上場の山唄、森吉米内沢の山唄などがそれで、これらはすべて山仕事の唄に入る。「十五七節」「ヤエデヤ」系に属する民謡になる。本県北部から鹿角地方、南部地方にかけて分布する唄であった。

紀行家の菅江真澄が「けふのせばのの」天明5年（1785）旧9月8日のところに、岩手県渋民村に来たときのこと、女数人で山唄を歌っていたことを記す。

〽十五七が澤をのぼりに　笛を吹く　嶺の小松がみななびく

これは今も歌い継がれる鹿角の「そでこ節」と全く同じ歌詞になる。

菅江真澄はまた「小野のふるさと」天明5年（1785）旧4月2日のところで、村の老人が山菜取りに行ってきたみやげとして、かっこべ（山菜入れの籠）も破れるほどに持ってきた山菜を汁の具にするといって、女が山菜を洗いながら歌った歌のことを記す。

〽この澤の　ほなとしどけが　ものいはば　おさこゐたかと　聞くべもの
　　　　　　　　　　　　　　　　　　　　　　　　このしほでこへ

〈このしほでこへ〉は囃子詞である。〈おさこ〉は研究者の間で話題になるが、私は村の機織り娘のことと解釈している。この時代の里に暮らす村の娘達のまさに生業としていた風俗を活写したものであろう。

## (2) 「そんでこ節」や「ひでこ節」は古い詞型を残す民謡である

岩手県下閉伊地方岩泉や遠野には童唄、民謡としての「そんでこや」が歌われていた。

〽牡《か》の鹿がなぁ　コラ岩のはざまで　昼寝してなぁ　コラそんでこや
〽昼寝してなぁ　コラ狩人《またぎ》来るのを　夢に見てなぁ　コラそんでこや

曲調はまことに単調で素朴なものである。これがやがて洗練されて「そんでこ節」として広く南部地方で愛唱されるようになったのである。

また、米代川流域から山本・南秋地方に広がった「そでこ」は盆踊り唄、酒盛り唄として広く歌われてきた。それを知る文献が今に伝えられている。

一つは、菅江真澄「ひなのあそび」（文化6年（1809））に載る記録である。五城目の盆踊りで歌われた「そでこおどり」がそれで、米代川流域のものと同類ではないかと私は考えている。

今一つは小玉暁村が『秋田郷土芸術』（昭和9年）に記録する唄である。

旧天王村の盆踊り唄

〽踊踊らば三十が盛り、三十過ぎれば子が踊るヤア、子が踊る。

ヨイドソリャ　オソデコヤー

〽姉ちゃそらそら空の星見ないか、空になもない星ばかり、星ばかりヤア。

ヨイドソリャ　オソデコヤー

〽町の真中に辰三本下がった、今に雨降るかさ持って来いヤア、かさ持って来い。

ヨイドソリャ　オソデコヤー

暁村はこの唄について「文化文政頃に流行したそでこ節の名残ではあるまいか」と注釈した。同類の古謡が五城目富津内の盆踊にも残っていた。

〽踊やつすまいでァ、ヤレア、夜中まで、夜中過ぎれば月もさす、月もさす。ヨイデャ　ソラエ　ソデァコヤイー

さらに、鹿角宮川地方の「そでこ節」も収録。主に、酒盛りの席で歌われていたという。

〽十五七こ、加賀の港さ水汲みだ、知らぬ旦那にまねがれて、桶もかつぎも手につかぬ。

暁村はこれらについて「ひなのあそび」中の盆踊唄「そでこおどり」の名残かと注釈した。幕末から明治にかけて流行した民謡といえよう。

現在、われわれが民謡歌手を通して聞く「ひでこ節」とはとても似ているとは言えない曲調のものばかりになる。

## ⑶　山形にも伝播した「そんでこ節」は「大正寺節」へとつながる

これらの唄が実は最上、村山、庄内にも伝播し、田植え唄、祝い唄などで歌われてきたから、その流行の姿が読みとれる。

最上や村山では「おさのこ節」「しょんでこい」として今に伝承されている。

「おさのこ節」の歌詞

〽十七がナァ　今年始めて　おさのこさのこ　田を作った

田を作ったナァ　藁が五尺で　おさのこさのこ　巣をかけたナァ

「しょんでこい」の歌詞

〽大黒がナー　奥のヤーレ座敷に昼寝した　コノションデコエー

昼寝したナー　白きヤーレねずみが金運ぶ　コノションデコエー

いずれも類似の詩形を持つことが理解できると想う。これが、庄内でも「しょんでこ」として伝承された。

この曲調が秋田県鳥海の長坂や前の沢辺りに伝播して「前の沢番楽」などの余興

唄に転用されたから面白い。「長坂節」として、今日も伝承されている。

〽長坂の勘左衛門《かざえむ》ヤーレ　お壷の白つつじ　コノシュンデコエー
　白つつじ咲いてヤーレ　つぼんでまた開く　コノシュンデコエー

何とも艶な歌詞に生まれ変わったものである。

この「長坂節」の曲調が「大正寺節」へ伝承されているから、なお興味が湧く。「大正寺節」は新波神社の産土神への奉納唄として歌われてきた。

伝播した経路からみて想えば、由利地方で盛んに各地で歌われ愛されていたのではないかと考えられる。今日わずかに形としてこれらの地域に残存したものではないだろうか。伝播の経路から考えて、これも「そんでこ節」や「ひでこ節」の仲間ということになろう。

## 結びにかえて―名唱者達の歌う「ひでこ節」

昭和の初期はラジオ放送が始まり、それに伴って民謡も歌い手の声を通して、より身近なものになっていった。戦前の「ひでこ節」の名手といえば、太田秀月（永五郎）や黒沢三一といった仙北民謡人をあげることができる。もともと仙北民謡として歌われてきた「ひでこ節」ではあったが、彼等によってまさに秋田民謡へと成長した瞬間である。これが契機となって加賀谷かね子や加納初代なども歌うようになったらしい。昭和三〇～四〇年代には、柏谷信男も得意とし独特の味で人気があった。

また、伊藤永之介も聞き惚れた鳥井森鈴の「秀子節」。これも名人ならでは逸話になる。

分銅志静「鳥井森鈴の人と唄（その7）」（昭和43年）の中に

「…伊藤（永之介）は民謡が好きで、幻聴にも民謡を聞くくらいであった。よく私の家へやってくると、鳥井森鈴氏と一緒になった。もう十数年前のことである。その頃は森鈴氏もいくらか酒をたしなんでいたので、いつも面白い宴会がはじまった。伊藤氏はきまって、森鈴氏に秀子節を所望した。あだの秀子節はいいね。うまいガッコの味だな…伊藤氏はこんな風に鳥井氏をおだて、また秀子節をうたわせるのである。…」と。

　もう一人の名手を挙げろと言われれば、私は藤井ケン子を挙げたい。彼女は昭和45年（1975）11月の日本民謡協会全国大会で「ひでこ節」で優勝したが、この優勝で秋田県を代表する民謡になったのではないだろうか。確かにそれまで多くの民謡好きが口ずさんでいたとはいえ、仙北の歌い方をそのままに、ケン子独特のユ・リとも言える節を入れて歌うあの曲調には体が震える思いがする。審査員であった民謡研究の大家・町田嘉章も審査に使っていた鉛筆を置いて、その名調子に腕組みをして聞き惚れていたほどであったという逸話がある。藤井ケン子は「仙北にはこんないい唄があるということを聞いてもらいたかった」と話していた。失明というハンディを背負っていた彼女にとって民謡はどれほどの命の支えになってきたか計り知れないものがあると私はいつも想っているのである。

　「そんでこ節」や「ひでこ節」はまさに民謡の持つ〈あたたかさ〉を伝えてくれるもってこいの〈唄っこ〉である。

## 裏表紙の写真　前の沢番楽の「空臼舞」

鳥海の本海番楽の仲間、前ノ沢番楽の空臼舞（もちつき）
ー舞い手は、「長坂節」などの唄にあわせて入場する

・前ノ沢番楽が伝える「空臼舞」は「もちつき」とも呼ばれている。
・舞い手は、鳥海の前ノ沢地域に歌い継がれてきた「長坂節」や「直根おばこ」の唄にあわせて入場する。
・このうち、「長坂節」は山形の「おさのこ節」と同じような曲調をもち大正寺節の曲調にもつながる節で、南部の「そんでこ節」系統の唄といわれる。「ひでこ節」などと同じ仲間になろう。民謡の伝播の広がりを感ずる。

・写真は、ＤＶＤ制作者の真坂隆昌氏が記録した「第41回鳥海獅子まつり」（平成26年８月16日、由利本荘市鳥海町・紫水館）の映像からとったものである。

## 3 「大正寺節」、もとをたどれば「ひでこ節」の仲間

秋田市の中心部から南方、戦前まで雄物川中流域の河口港として栄えた町、新波。旧大正寺村の中心地であったこの新波は藩政時代より雄物川舟運の要地として人とモノの交流が盛んであったし、それ故に各地との経済的文化的な交流の蓄積も行われてきたところである。春から秋にかけて村の鎮守のお祭りや盆踊りでは甚句や音頭といった由利や仙北の民謡が盛んに歌われていた。

「大正寺おけさ」は実はそうした土壌に根を下ろしてきた民謡の一つであるが、今ひとつこの土地に戦前から歌い継がれてきた民謡に「大正寺節」がある。もともとは酒盛りや祝い事の席、あるいは新波神社の祭典などで歌われてきたものである。この「大正寺節」について考えてみたいと思う。

## (1) 昭和4年に「大正寺節」となった「荒川山節」

『日本民謡大事典』（雄山閣：浅野健二編）あるいは『大正寺郷土史誌』（相沢金次郎編）などによれば、「大正寺節」は新波神社の祭典での納め歌として神社にちなんだ文句が歌われるものとあり、昭和3年御大礼記念として大正寺郷土芸術振興会が組織され、このとき「荒川山節」に改調を加え踊りの振り付けもし、翌4年から「大正寺節」として歌われたとある。囃子もそれまでの〈ヤレナー〉から今日の〈サーエナー〉に統一したということである。

また、『東北の民謡：秋田県解説編』（昭和32）で、武田忠一郎は戦前、秋田民謡研究の祖と仰がれた小玉暁村よりの報告として「大正寺節」を紹介、この中で〈角材を削る様《さま》して踊る〉とあることから以前は〈斧を持って踊る〉風であったらしいとある。また、同書では「荒川山節」の解説の中で、この唄は①〝山子唄〟の一種であろう、②〝ひでこ節〟にも比すべきもの…という解説も付け加えている。「山子」とは「やまご」と呼び一般には山仕事をする人々を指している。この「荒川山

節」の読み方であるが、『日本民謡大事典』では「あらかわやまぶし」としているが、

〽荒川山（アラカサン）ナーヨーエ　千本ナーヨー　小杉はサエ　女子衆かヤレナー

〽女子衆だらナーヨーエ　登るナーヨー　山子（やまご）はサエ　下りられねエヤレナー

などの歌詞があることから、「あらかさんぶし」と呼ぶのがよいように思われる。多くの資料にはこの部分にふりがながないので判然としないが、やはり歌詞にみえる読み方を尊重し、「あらかさんぶし」とすべきであろう。

以上の記録から考えて、まず「荒川山節」があってこの歌い方が新波の地域に伝播し、それが新波祭典などの折りに歌われていたこと、この唄が昭和４年に囃子も整えられて「大正寺節」と命名されたこと、また、踊りも創作され振り付けが行われ祭典などで披露されていたことなどが理解できる。

「大正寺節」の名で歌われ出してほどなく、昭和9年7月23日にはラジオ番組の中で歌われていたことも記録されている。当時の秋田魁新報記事によれば、唄い手

は浅野善十郎であった。

（なお、この時の太鼓伴奏が初代浅野梅若の若いときの師匠浅野喜一で、「大正寺おけさ」「臼引き節」を歌っていたことも記録されている）

歌詞は次のようなものでなかなか詩情豊かなものであった。

〽大正寺は不動で知られて名も高し　名も高し銘酒味よい鮭の味

〽向野ツツジ咲くサエ咲く花に　咲く花に二人揃うて飛ぶ蝶々

〽大正寺の大師長根の百合花　百合花世間ゆかりて咲く花だ

## (2) 古い詩型を持つ「大正寺節」―その源流は「ひでこ節」の系統

『秋田の民謡・芸能・文芸―地方文化の源流―』（秋田魁文化部　昭和45、P28―29）によれば、〈替え唄は歌詞に限らない。題名まで変えた唄もある。郷土性はここでも大きく作用する。たとえば雄和村に「大正寺節」があるが、

〽大正寺のナーヨ不動のナーヨ沢から吹く風はサエナー　ヨイトコヨイトコ

〽サエ吹く風はナーヨ大正寺ナーエ繁昌とサエ吹き回るサエナー

と、曲型は仙北地方の「ひでこ節」に似、詞型五七五五七五は「姉こもさ」と同じだ。…（略）…これら〝変型形〟を新しい唄と見るかどうかは別として一種の替え唄であることに間違いない〉とある。

今となっては「荒川山節」は聞くことはできないが、一種の替え唄ともいえる「大正寺節」がその名残を伝えているのである。これが「ひでこ節」と同様、尻取り形式を持つ詞型であるから面白い。

〽十七八コナー　今朝の朝草　どこで刈ったナ　コノヒデコナー
〽どこで刈ったナー　烏帽子《えぼし》　長根の　その下でナー
　　　　　　　　コノヒデコナー

これは「ひでこ節」の二節であるが、詞型が前記「大正寺節」の歌詞とよく似ていることが理解できると思う。

また、曲型が仙北地方の「ひでこ節」に似ているということであるが、今日我々が耳にする「ひでこ節」ではなく、生保内や田沢の地域に伝承されてきた元唄としての「ひでこ節」が似ているように思われる。この「ひでこ」は南部の「そんでこ節」の元唄の「そんでこや」「そんでこ」などとよく似ている。

こうして見てくると、ここに「そんでこや」「そでこ」「ひでこ」という類似の民謡が並んで見えてくるし、「あらかさんぶし」そして「大正寺節」にもつながる線が浮かんできそうである。

この姿を考える上で、私はさらに、山形県東根、村山地方に伝承されている「おさのこ節」や「しょんでこい節」に注目している。これらはさらに由利鳥海地方に伝承されている「長坂節」などにもつながる曲調を持っている。曲名はそれぞれ違っていても、曲調が類似するこれらの唄が広く分布しそれぞれの地域で愛唱されてきたことに俚謡すなわち民謡の力強さを感じている。私は何度もこれらの曲を聴いてみた。聴けば聴くほど野趣に富んだ味かと思えば、また一面、所変わって上品に生まれ変わっている姿をも想像できる。

伝わっていく地域の特色を出しながら歌い継がれる民謡の性格をよく表している。特に仕事が一段落した後の酒盛りの席では人々はこの唄と即興の踊りで座を盛り上げていたのだろう。

民謡は歌詞もさることながら、やはり曲調が生命である。「ひでこ節」が急に「大正寺節」を生むことにはならない。遠回りであろうが、時間をかけながら各地に伝わり少しずつ曲節を変化させ、しかしながら骨の部分はちゃんと伝播させていく。今「大正寺節」は「あらかさんぶし」の改調とはいっても一番近いところにある曲調どおしである。この「あらかさんぶし」に近い節とすれば、もしかして「おさのこ節」や「しょんでこい節」ではないかと新たな想像をしている。「長坂節」もその線上に入ってこよう。かつて、菅江真澄が雄勝地方で聴いた山菜尽くしの唄は「ひでこ節」の変化した「おさのこ節」に近い曲調ではなかったのかなどと想像している。

## (3)「荒川山節」は近在の村々へも伝播した

さて、「大正寺節」についてもう一つ新たな資料の確認をしてみたい。
佐々木由治郎著『里の唄声』の「大正寺節」の項に次のような説明がのっている。

〈…大正寺節の元唄の如く伝えられている「あらかさん節」―斧節ともいう―は、相沢（金次郎）氏によれば、旧上川大内村の俗称大荒沢の山子達が、たまたま新波神社を参拝した時、この唄を持ち帰り、角材削りなどの動作を原型とした囃子や振りを着けて歌い広めたものだと解説している…〉とある。

相沢金次郎は『大正寺郷土史誌』のなかで〈…「荒川山節」に改調を加え、踊り振り付けもし、「大正寺節」と名付けた〉と説明したが、佐々木由治郎の記した相沢の言う〈…この唄を持ち帰り…〉という部分から、上川大内方面へもこの唄が伝えられたことになる。「荒川山節」を新波神社参拝の時、踊りの振りとともに持ち広め、近在の村々で酒盛りの席などで披露され歌われるようになったとみるのが妥当のようだ。

「お不動さん」として近郷近在の信仰を集めていた新波神社の祭典には数多くの芸能、文化が持ち込まれ、その地からまた発信され新たな展開を生んだ唄っこだったといえよう。

## ⑷「荒川山節」の伝承地は大正寺郷とその周辺

ところで、佐々木由治郎の説明によれば、「荒川山節」を伝えていたのは大荒沢の山子達ということだが、その大荒沢とは一体どこにあるのだろうか。本荘・岩谷から大曲へ向かう国道105号線の途中に小栗山というところがある。そこから南下して岩野目沢を通り雨池で西に入る沢なりに大荒沢川があり、その一帯である。今は人家がない。

（余談だが、この雨池から東へ向かい念仏橋を越え、羽広、大台峠を通っていく街道沿いに釜坂という集落がある。ここに「大正寺おけさ」と同系統に入る「釜坂おけさ」が伝承されている。新波の「大正寺おけさまつり」に毎年出演し、交流を深めている地域である）

私は、この大荒沢川とその周辺で「荒川山節」が歌われていたかどうか現地調査をした。結果は残念ながら住民はそういう唄は歌われてこなかったし、知らないとのことであった。民謡に詳しい岩野目沢字大小屋に住んでいる鈴木鉄雄さん（大正

3年生まれ）にお会いして伺ったところ、唄と言えば「仙北荷方」や本荘方面から伝わっていた「ハイヤ節」、「端唄」などを歌うことが多かったということである。この地域から新波神社のお祭りに出かけるなどまずなかったとのことである。

私はまた、昭和46年頃に明治31年から大正3年までの婚姻件数（約1700件）を記載した「身分登記簿」という資料により雄和のいくつかの大字単位地域の通婚状況を調査したことがあるが、新波を中心にこの周辺の集落は亀田、下川大内、大沢郷などとの通婚が他地域に比べて濃厚に現出することを確認している。

萱ヶ沢に住んでいる池田セキさん（昭和5年生まれ）は大沢郷方面の木売沢からここに嫁いできた方であるが、大正寺で荒川という地名を聞いたことがないし、「あらかさん節」という唄の名も聞いたことがないそうである。荒川といえば今の協和の荒川しか浮かばないとのことである。

しかし、地理的位置などから考えて、やはり碇田、萱ヶ沢周辺から下川大内の中俣、高尾のあたりの人々が「あらかさん節」を伝えていたのではないかと思っている。鈴木さんや池田さんの世代ではすでに消えてしまった唄っこになっていたのだろう。

### ⑸「荒川山節」は、あるいは「荒波さん節」か

慶長17年（1612）の「由利郡中慶長年中比見出検地帳」（由利郡中世史考資料掲載『秋田県の地名』平凡社〈1980〉P335より）の大正寺郷の説明によれば、この時の村として神ヶ村、繋村、新波村、荒沢村、猪狩田村の五ヶ村が見え、それぞれ各農産品目等の総石高が記載されている（猪狩田村は碇田村のこと）。この中に荒沢村が出てくる。仮にこの村を近世を通して碇田村枝郷であった萱ヶ沢村と見るならば、ここに「あらかさん節」の存在を想定できないかと考えてみた。

また、『大正寺郷土史誌』（前掲）に新波神社は〈…荒波明神又は地主明神といい後現在の地に移し部民産土神として崇敬してきた…〉という歴史を持っていることが記されている。「新波神社」と改称されるのは明治3年（1870）8月とのことで大正寺六ヶ村の鎮守社であることも記されている。このことから、「荒波さん節」

が従前より奉納されてきた可能性も考えられる。

小玉暁村著『秋田郷土芸術』（前掲）の「大正寺節」の説明の中に、萱ヶ沢村の西方の八木山峠越えの下川大内でも歌われていたことや女も男装して男に交じって角材を削る仕草をして踊ることが紹介されている。神社の祭典などで奉納される唄や踊りの姿を伝える内容である。

下川大内や萱ヶ沢の山子達は新波の地にやってきて霊験あらたかなお不動さん即ち新波神社に参拝し、またその祭典で、彼らが仕事の合間の酒盛りなどの席で覚え、愛唱してきた「荒波さん節」に角材削りの仕草をした踊りも振り付けして踊ったのではないか。この唄の名称はいつしか訛って「あらかさん節」と呼ばれるようになり、それに「荒川山節」の字があてられた可能性が考えられそうだ。

## 結びにかえて

「あらかさん節」あるいは「あらわさん節」と呼ばれた民謡は山子らが得意とした。

この唄っこを親戚の人も多数いたであろう新波の人々とともにいつしか聞き覚え歌うようになり、長く伝承されることになったのであろう。これがやがて、昭和4年に「大正寺節」へと衣替えしたのである。しかもその曲調は「ひでこ節」の流れにつながる「おさのこ節」や「しょんでこい節」「長坂節」などとも相似る。こうしてこの民謡の伝播の様子が出来上がることになるのである。

「大正寺節」は戦後に浅野梅若さんによって三味線の手も改良されて歌い出されたことは地元の方々もよく知るところであるが、戦前の歌い手である浅野善十郎さんと梅若さんの間をつなぐ如く活躍した人に藤原鎮雄《しげお》さんがいる。戦後間もなくNHKの全国放送で三味線伴奏で放送が流れた。藤原さんの墓碑にこんな記録が刻まれている。「…青層のころ三味線に興味をもち素人ながらも格別な音曲を聞かせ、大正寺節の伴奏はNHK全国放送数回、記録を永く伝えられる…」と。「大正寺節」の伝承に名を残した今一人の民謡人である。

# 大正寺節を伝えた民謡人・藤原鎮雄《しげお》

秋田市雄和神ヶ村の地内に墓所がある。

墓所の裏面に
「…青層の頃三味線に興味をもち素人ながらも格別な音曲を聞かせ、大正寺節の伴奏はNHK全国放送数回、記録は永く伝えられる、…」

と、その業績が刻まれている。

写真は、昭和38年還暦祝いで三味線演奏する藤原さん。

## 4 「新保広大寺くずし」とその影響

### (1) 「新保広大寺くずし」は「新保広大寺」に由来

さまざまな民謡の誕生に影響を与えたといわれる「新保広大寺くずし」という民謡。この民謡を聴いたことのある人は一体どれほどいるであろうか。民謡が好きだという人でも、名前は聞いたことはあるが、実際に歌っている曲節を聴いたことがないという場合が案外多いのではないだろうか。

しかし、「飴売り節」に似ているよというと、親しみを覚える人が出てくるであろう。

この民謡は、「新保広大寺」という唄が元になってできたモノである。新潟県十日町方面の下条という地域にある曹洞宗禅寺、新保広大寺に由来する唄なのである。江戸時代の住職の所業を話題にした民謡で、もちろん今は誰も知る人はいないが、甚句調の曲節にあわせて歌われてきたものである。現在は地元に保存会もあり、伝承されている。

## ⑵「新保広大寺」の物語性、人口に膾炙の曲調は寛政期以降の流行唄か

〽新保広大寺の　かけたる袈裟は　お市ゆもじの　裏しきだ
〽新保広大寺が　めくりこいて負けた　袈裟も衣も　質に置く

前者の歌詞は五代目住職の廓文和尚と豆腐屋の娘お市とのうわさ話を題材にしたものであり、後者は十四代住職白岩和尚が土地の所有権争いの巻き添えになって敗訴した結果を題材にしたものである。前者が元禄期で後者が寛政期の、それぞれの史実を示しているといわれていることから、約百年の時代差が生じてくる。

さて、この二つの唄が同じ曲節で百年の時を超えて全く同じように歌われたものであろうか。思うに、多分寛政期の頃、流行唄（はやりうた）として歌われ、人口に膾炙していったのではないだろうか。

このことについては、栃木県佐野市に在住の民謡研究家・茂木真弘さんの著書『し

もつけ盆踊り考』（随想舎・1997年）の中でも詳しくその間の事情を述べている。



## (3)「越後甚句」の曲調にのせて「新保広大寺くずし」誕生

注目されることは、寛政期当時の流行唄として「越後甚句」をあげ、その替え唄ではないかという見方が強いと指摘していることである。この「越後甚句」はいつ頃より流行していくのであろうか。茂木さんの論でいくと、「新保広大寺」以前にすでに存在した民謡で、この甚句にのせて「新保広大寺」を流行させたことになる。しかし、確証はない。

古い歌謡の特徴を持っていた〈7775〉調の近世歌謡「新保広大寺」。この唄の上の句と下の句の間に「越後甚句」の曲節を使って〈7777〉の四句を繰り返し続けていく。いわゆる口説の文句を入れて、いろいろな物語を歌っていく「新保広大寺くずし」を生んでいくのである。

「新保広大寺」の古い歌い方に、越後で流行っていった甚句調にのせた唄が「新保広大寺くずし」であると言うことになる。私もどちらかというと、この考え方の方にたっている。

### (4) 瞽女が伝えた「越後甚句」調の拡散

私は「新保広大寺くずし」という唄を何十回となく聴いてみたが、聴くたびに瞽女らが好みそうな唄に聴こえてくるし、当時村里の人々が聴くとすぐに覚えられそうな唄である。こうした娯楽としての唄が越後から各地に伝えられていったのである。また、出だしの〈〽新保ナー広大寺が～〉の歌詞が例えば秋田の本荘あたりで歌われた「おしもこ節」では〈〽本荘サエー本荘後町～〉と各地へ伝わることで地域の話題などを取り入れて変化をしていくが、曲調はほぼ同じなのである。

出だしの歌詞の後には、7777の口説調の文句を繰り返す歌い方から「新保広大寺くずし」と呼ばれたが、越後地方のこの唄が原調になっていることから「越後甚句」とも呼ばれていったようである。こうした経緯から「越後甚句」という名称は「新保広大寺」以後のことになる。

この曲調は大変リズミカルであるし、替え歌も作りやすかったと思う。村の住民達はこの唄を酒盛りの席や盆踊りに取り入れていくのはごく自然な流れなのである。口説調に変えられた歌詞のこの唄を歌うことは彼らの最高の娯楽であったのである。

## (5)「哥念仏」「小念仏」「おいとこそうだよ」そして「おしもこ節」などの口説唄

藤田徳太郎が校訂した書で、斉藤月岑《げっしん》が編纂した『声曲類纂』という江戸時代の邦楽や俗曲を著した書がある。弘化4年（1847）刊行のものであるが、特に巻の5「小唄の部」などを見ると、江戸時代の歌謡や江戸長唄のことが詳しく記されており、この時代に流行った曲節の由来も述べられている。ただし、この中には、「甚句」や「おけさ」「新保広大寺」のことは記されていないが、こういう唄の曲節に影響を与えたと想像される「哥念仏」や「哥祭文」「小室節」「伊勢音頭」「門説経」

などのことが紹介されている。おそらく十八世紀以降の世相の中で、三味線もかなり普及していく状況もあわせて考えると、新しい流行唄が数多く成立し、浄瑠璃語りも含めて、芸能集団がそれぞれに似通った曲調を伝えながら各地で活躍していったのであろう。

そういえば、茨城から千葉にかけて分布する「小念仏」や「木更津そうだよ」あるいは「高砂そうだよ」や武蔵地方の「万作踊」や「白桝粉屋」（おいとこそうだよ）なども、この唄の影響を受けているといわれる。生保内地方に伝わる「おいとこ節」は南部盛岡周辺にも同種の唄があり、伝播の姿を示してくれる。江戸から入った流行唄なのである。

また、「新保広大寺くずし」は単に「広大寺くずし」とも呼ばれる口説節である。その曲調を聴いていると前述の秋田の由利本荘地方の「おしもこ節」や秋田の仙北地方の「飴売り節」の唄が見えてくるし、「八木節」の唄も似ていることがわかってくる。また、「柏崎甚句」も聞こえてくるし、遠く「じょんから節」や「鰺ヶ沢口説」「津軽甚句」の曲調も見えてくる。さらには、秋田の「鷹巣盆唄」や津軽の「五所川原甚句」にも似ている。私の知る限りでは、東日本エリアで歌われている数多くの民謡が含まれてしまうのである。

## ⑹　民謡伝播の主流のひとつであった「新保広大寺くずし」

わが秋田の地に伝わった民謡の代表的なものは、民謡史研究家の井上隆明先生が指摘されているように、「はいや（おけさ）」「船方節（出雲節）」「追分節」「荷方（新潟節）」と表現される。

これに、「なにゃとやれ（なにゃとやら）」と「越後甚句（新保広大寺くずし）」を加えることで大きな流れをつかむことができると考えている。

江戸時代のものは多くは既に見えなくなっているが、今日まで残る文献資料などの記録でその曲調が想像できるものもたくさんある。「越後甚句」とその延長線上にある数多くの唄は今でも庶民にとって大変覚えやすく歌いやすいものとして、歌い継がれているといってよい。

新潟県長岡市出身の太田明さん（今は神奈川県に主に在住）は、全国に伝わっている「おけさ」（あえて、「はいや」ではなく）の収集とその研究では優れた業績を持つ人の一人であるが、彼が、以前歓談の席で「何も歌えないが、一節それでは〜」と紹介したのは「岩室甚句」であったが、これは高低の少ない、大変歌いやすい民謡で、新潟の人が好んで紹介するものの一つである。面白いことに、この曲調がまた最上地方の「羽根沢節」にも似ている。「新庄節」の元唄といわれている唄である。

秋田では、一時代前の人だと酒盛りの席で〈〽アリャリャン　コリャリャン　ヨーイートナー〉と歌う人が多かったと聞いているが、この「どん搗き唄」は仕事の場で歌うよりは酒盛りの席で歌うことが多かったようである。秋田市の新屋地域の酒屋では酒造りの時にも唱和されていた。

この「どん搗き唄」などは曲調は「いやさか音頭」ともよく似ている。そしてこの曲調のものは歌詞を作り替えて、酒盛りの席や作業の時に歌う人もいる。もちろん盆踊りの唄にも転用している。

これらは皆、遠く「新保広大寺くずし」につながっているから、民謡とは何とも奥深いものである。

## (7)「新保広大寺」そして〝くずし〟の唄、それぞれ

民謡伝播の主流のひとつとなった「新保広大寺」および「新保広大寺くずし」。その仲間といえる唄のいくつかを歌詞によって紹介しながら、唄の持つ特徴や時代背景、地域での姿などを考えてみたい。

### ①「新保広大寺」

〽しーんぼナー　コリャ広大寺がヤーレ　・新保
めっくりこいてナーコリャ　負けたナーエ　・めくり=賭札
〈アー　イイトモ　イイトモ〉
袈裟も衣もヤーレ
皆さえコーリャ　取られたナーエ

〈アー　イイトモ　イイトモ〉

〽踊ーりナー　コリャ踊らばヤーレ
しなよく上手ナーコリャ　踊れナーエ
〈アー　イイトモ　イイトモ〉
しながよーけれーばヤーレ
嫁にコーリャ　とーるぞナーエ
〈コリャ　俺ばか　こうだか　やる瀬がねエ
やる瀬のねえ時や　木の根で押せ押せエー
木の根のしょうナラ　二度に一度は
ぽっくり持ちゃげる　ヤーコリャコリャ〉

・しな＝姿

・しょう＝性

◎「新保広大寺」の曲調については、〈神楽せり唄〉の節を取り入れて成立したものとか、〈伊勢代神楽の踊り唄〉の節が転用され創作されたものといった考え方がある。

廓文和尚の行状が問題になったのは元禄年間と伝えられているが（『新発幸大寺不実録』『新浦幸大寺噺』、いずれも天明年間（1781〜1788）刊行）、当時から歌われていたという確証はない。ただ、江戸時代の早い時期から人々の唱和する曲節を持つ「神楽せり唄」や「伊勢代神楽踊り唄」の流行との関連から、後の新保広大寺の和尚の行状がまたネタになり、寛政期以降、19世紀に入ってからはこれらの唄の曲節を持って広く歌われるようになったのであろう。

ちなみに、「神楽せり唄」はわが秋田地方では聴くことはないが、中国地方や九州地方の各地では神楽を舞う太夫をせき立て、神楽を再開させるために歌われる唱和唄といわれている。この唄の曲調が「新保広大寺」に取り入れられていったとする考え方である。

一方、「伊勢代神楽踊り唄」はいわゆる「伊勢踊」をさすものであり、『寛永十二年跳記』の「伊勢踊」にみえる〈これはどこ踊り　松坂越えて　伊勢踊〉〈あの君様は伊勢の浜育ち　目元にしほ（塩）が　こぼれかかる〉の歌詞が伝えられており、江戸時代の早い時期からの唄であることがわかる。あるいはこちらの方が江戸や大坂、京都に流入伝播して各地に広まり、いろいろな鄙の唄の曲節の誕生に活用されていった可能性が高いとも考えられよう。

### ②「古代神」

〽サアー　わしのサーエー　殿まを誉めるじゃないが
大工木挽や　桶屋もなーさる
人が頼めば　左官もなーさる
人の頼まぬ　餌刺が好ーきで
・餌刺＝えさし：鳥刺し
餌刺出る時や　衣装からちーがう（違う）
紺の股引き　ビロドの脚ー絆
浅黄甲掛け　切緒のわーらじ（草鞋）
腰にもち箱　手に竿持ーちて
・もち＝鳥を捕まえる時のモチノキのモチ
向こうの小山に　登りてみーれば

松の小枝に　小鳥がいーちわ（一羽）
小鳥みかけて　竿さし出ーせば
竿は短し　中継ぎもーたす
鳥の方から　申すこーとにゃ
あなた餌刺か　わしゃ百舌のー鳥
御縁あるなら　次に来て刺ーしゃれ　サーエー

◎この唄は、富山県東砺波郡平村地方、いわゆる五箇山地方や岐阜県の白川郷などに伝わる口説き調の唄である。

同様の歌詞で歌われるものに越後地方の「新保広大寺くずし」がある。こちらの曲節が北陸各地へ伝播したとされている。7777調で後ろの77をつなげていく典型的な口説き節である。

この語り物風の口説き調の形式が秋田県内に伝承している「飴売り節」や「おしもこ節」にも取り入れられていく。下越地方の新発田方面に「新発田こもりこ」という唄があるけれども、これも同種である。また、南部地方の「いろは口説」という和讃形式の唄も同類に入るといわれ、番楽の余興唄にも導入されるなどして、人々の交流を通して周辺地域へ流布されていったのである。仙北の「タント節」なども番楽の余興唄として歌われた「いろは口説」の改編であってみれば、いかに「新保広大寺くずし」が方々へ影響を与えたか理解できる。

### ③「岩室甚句」

〈ハー　ヨシタヤ　ヨシタヤ〉
〽おらがヤー　若いときゃ
弥彦詣りを　したればナー
なじょがアー　見ぃつけーてー
寄りなれと　ゆーたども（言うたども）
嬶（かか）が居たればアー　返事ぃがなーらーぬー
〈ハー　ヨシタヤ　ヨシタヤ〉

〽だいろヤー　だいろだいろ
角《つの》出せエ　だいーろ
角をォー　出ーさぬゥーとォ
曽根の代官所に　申しあぐるが
いいか　だいーろー
〈ハー　ヨシタヤ　ヨシタヤ〉
〽石瀬ヤー　いーわむーろォ（岩室）
片町ヤ　山ーだ
前の濁り川　すっぽん亀の子
泥鰌がァー住ーむ
〈ハー　ヨシタヤ　ヨシタヤ〉

・だいろ＝蝸牛

◎越後新潟の岩室は弥彦山参詣の街道筋の宿場として栄えてきたところで、この唄も〈騒ぎ甚句〉として歌われてきた歴史を持っている。もともとは土地の盆踊り唄として歌われていたといわれているが、曲調は一連の「新保広大寺」系の唄に属するものであり、そういう唄の影響を受けている。地元の方から、瞽女などが大変好んで歌っていたと聞いているので、彼女らの振り付けが生かされ洗練されて、岩室温泉の芸人達に愛唱されていったのであろう。盆踊りの時にももちろん愛唱されていたのであろう。

岩室は江戸時代は天領であったところで代官が事実上の支配者であった歴史の長いところであるが、二番目の歌詞は〈だいろ〉＝農民に〈角出せ〉＝運上米を出せとせまり、不服があれば代官所に申しつけるがどうだ…といった意味合いの、税取り立てを題材にした歌詞になっているところが土地柄を示していて興味深い内容を作り出している。

三番目の〈〽石瀬ヤー〜〉ではじまる歌詞は大変数多くある。石瀬は岩室の南方半里行ったところにある集落。ちなみに、曽根（そね）は岩室の北方2里ほどの所にある集落で代官所が置かれていた。この間の集落が岩室ということになろうか。何か伊勢の〈間の山〉を思わせる比定ぶりである。

面白いと思ったのは、次の歌詞である。

〽石瀬ヤー　出てから　久保田の端でナー
雨も降らぬに　アー袖しぼる

類歌が「郡上節」にもあるからだ。

〽郡上のナァー　八幡出ていくときは
雨も降らぬに　アー袖濡れる

名文句、そして歌い出しの文句が曲調を超えて伝播する一事例ともいえる。

ちなみに、「郡上節」は「伊勢音頭」が美濃地方に伝播したもので盆踊り唄としては名曲とされるまで成長した民謡になる。

## ④「白桝粉屋」

〽おいとこそうだよ　向こうの茶屋から　ちょいと出るのは
あれこそまことの　白桝粉屋の　お小夜でござんす
なるほどよい娘（こ）だ　あの娘と添うなら　三年三月でも

裸で裸足で　ばらもしょいましょ
朝は早起き　水も汲みましょ
手鍋もさげましょ　三度に一度は
人目を忍んで　飯（まま）も炊きましょ

◎これは、千葉、埼玉などで歌われる「おいとこそうだよ」という唄である。民衆の念仏供養は広く各地に見られるけれども、この唄は念仏踊りと深く関わって成立したといわれている。

関東各地の農村の老婆達が盆や彼岸、念仏講などの集まりに鉦や太鼓の囃子で念仏踊りをする風習があったが、総じて〈小念仏〉と称していた。このとき、その伴奏に歌ったものが瞽女や願人坊主、飴売りなどが持ち歩いた「祭文口説」「新保広大寺くずし」などの曲調を取り入れた「おいとこそうだよ」である。「白桝粉屋」とか「万作踊」などは、この一連の小念仏系に入る民謡なのである。

曲調として越後甚句系のものが関東に広く流布していた事例といえるが、やがて、東北地方へも関東の流行唄として入ってくる。

以前、宮城県の方から、仙台周辺の「おいとこ」について尋ねられたことがあるが、これも〈〽おいとこそうだよ～〉で始まる小念仏系の唄なのである。恐らく流行は関東より遅く、明治に入ってからであろうと、ある識者からうかがったことがあるが、これに類するものが岩手にもあり、わが秋田は生保内地方にも流入・残存している。仙北民謡の研究家で数々の生保内の唄を音源で残してくれた故田口秀吉さんはこの唄を愛唱する一人であった。

東北北部での流行は、多分比較的新しい明治以降の事であろう。

### ⑤ きのこづくしの「飴売り節」

〽一つ初茸　いそいで出る　お前来るかと　ヤレ松（待つ）の下
二に二月の　雪の下茸よ　まずは今年の　ヤレ初きのこ
三つ見つけた　白歯のわかい　採って見たれば　ヤレ杉もたし
四に煤（しし）茸　はびこる時は　稼ぐ仕事も　ヤレ手につかぬ

五ついがくの　奥山見れば　便りキクラゲ　ヤレうれし茸
六つ無理にぞ　むき茸とりに
　　　　　　　　無理にむかれて　ヤレわしゃいやだ
七つ何やら　名のない茸　採るか否やに　ヤレ投げられる
八つ柳に　はえたる茸　喰うて世間の　ヤレ笑い茸
九つこれまで　迷うた私　お前顔見る　ヤレ日夜茸
十に十まで　私とお前　一生夫婦に　ヤレなて（なって）みたい

◎ある民謡集で、戦前まで特に仙北地方で歌われていたという解説を拝見したことがあるが、多分、生保内や田沢周辺の地域で歌われ伝承されていたものであろう。夫婦円満を歌い上げた歌詞に庶民の生活の温かみを感ずる。

この数え歌風のものが新潟のみならず東北各地にも見られる。秋田は仙北地方の「飴売り節」は、この形式では今や全国的に有名な民謡となっているが、元をただせば越後の「広大寺くずし」にほかならない。

## ⑥「おしもこ節」

〽本荘サエー

本荘後町　茶釜屋のおーしも

おしも若けから　あきね（商）コ好ーきで

〈キタコラ　サッサ〉

寒の冬でも　夏の八月でも

笊コ片手に　背中に駕籠しょって（背負って）

でご（大根）なごぼうなと　まちなか（町の中）通たれば

町の手代衆は　でごな何ぼやと

おしもこに聞けば

でごはよりどり　七文でごーざる

あまり高いや　まけれやおーしも

まけてやりたや　売りたくごーざる

家の家内衆を　数えてみーれば

俺の嬶様と　父様と兄様と
使う下女と　五人の家内が
味噌や塩薪　割当コみーれば
余りサーエー　儲けのない
コラあきね（商）コでごーざる

◎生保内地方に「生保内飴売りっこ」という唄が残っている。これと同類のものである。かつて「雄勝の飴売り節」もあったというから、これらは山形の「最上口説」も含めて、〈飴売り口説き〉の民謡に入る。
「雄勝の飴売り節」の存在が確かなことから、山形方面から峠越えで伝わったことが知れ、この唄の伝播経路が想定できる。山形の最上川流域周辺では、何かと酒盛りの席で愛唱されてきた。

東北民謡の父と讃えられた武田忠一郎が戦前、本荘の「おしもこ節」の名手だと評判の加納初代の唄を採譜しようと鷹巣方面の山間部で興行中の彼女を追って歩きやっと探しあてて収録したらそれは「最上口説」だったという話が、「岩手の民謡・五十年史」（岩手日報・昭和44．8．5）に載っているが、武田はそのころ「おしもこ節」を何か特別な珍しい唄とでも思っていたのではないのだろうか。「最上口説」との関連をよく知っていなかったエピソードになるのではと思っている。

なお、「雄勝の飴売り節」は心中もの（京三条・東屋与右衛門娘のお吉と番頭の清三の訳あり話が題材）を扱った歌詞で構成されていることが民謡集『むかしいま秋田民謡』（フジオ企画編：昭和55年）に記録されている。心中ものもまたごぜの得意とする唄っこにほかならない。彼女らの唄っこを最上地方の人々が聞き覚え、さらにまた秋ノ宮方面の人々が聞き覚えたものになろうか。

## 5　伝播と定着を繰り返した民謡、「追分」「松坂」など

### (1)　芸能者などに運ばれて伝わり秋田民謡誕生へ

秋田に暮らす人々は、民謡を日々の生活に味付けしてくれる唄っことして愛唱してきたが、そうした人口は今も多いように思う。

例えば、村の寄り合いがあると歌われた「荷方節」や「おばこ節」の酒盛り唄、「生保内節」や「長者の山」といった甚句調の唄っこ。春や秋の神社のお祭りでの奉納唄や婚礼などで歌われた「長持唄」。お祝いの席では必ずといってよいほど歌われた「松坂」。上手も下手も、それぞれ思い思いに明るく座を盛り上げてきた風土がまた秋田らしい。

実は、こうして口ずさまれてきた秋田の民謡は殆どよそから伝播し定着してきたものだと言ったら、多くの人は驚くかも知れない。

「荷方節」や「松坂」などは同類のもので新潟方面から伝播してきた民謡である。

また、「生保内節」や「長者の山」「長持唄」などは、歌われる歌詞に類歌が全国に多いことから、その曲調とともに流行唄《はやりうた》として入ってきて秋田らしく花開いたものと、私は考えている。

北前船が江戸時代後期から明治にかけて、日本海側の経済・文化の諸活動に重要な役割を果たしてきたことは誰でも耳にすることであるが、その往来が日本海沿岸各地で歌われてきた民謡を運ぶ役割を担ってきたとなると、案外知る人は少ないのではないだろうか。

冬に大坂から塩や米、酒など積んで出航し、夏の7月に北海道の道南地方へ着いて商売をし、そこから9月には海産物や肥料を積んで大坂に帰ってくる北前船の経済活動。航海で立ち寄る湊々で船頭衆や芸能者達は交流を繰り返し、流行の唄も覚えては運ぶ。

そんな繰り返しの中で民謡は運ばれたものであろう。

九州の「平戸節」や山陰地方生まれの「出雲節」、西国沿岸の「はいや節」などはこうして越後方面に移入され、その地の民謡と交流しながら、さらに「松坂」「越後甚句」「おけさ」といった民謡を誕生させ、各地へ広める働きもした。こうして秋田へも西国や越後生まれの民謡が伝播したのである。

ここでは、特に新潟方面から移入されて秋田をはじめ北国に定着して歌われてきたいくつかの民謡についてふれながら、民謡が地域性を育む姿について考えてみたいと思う。

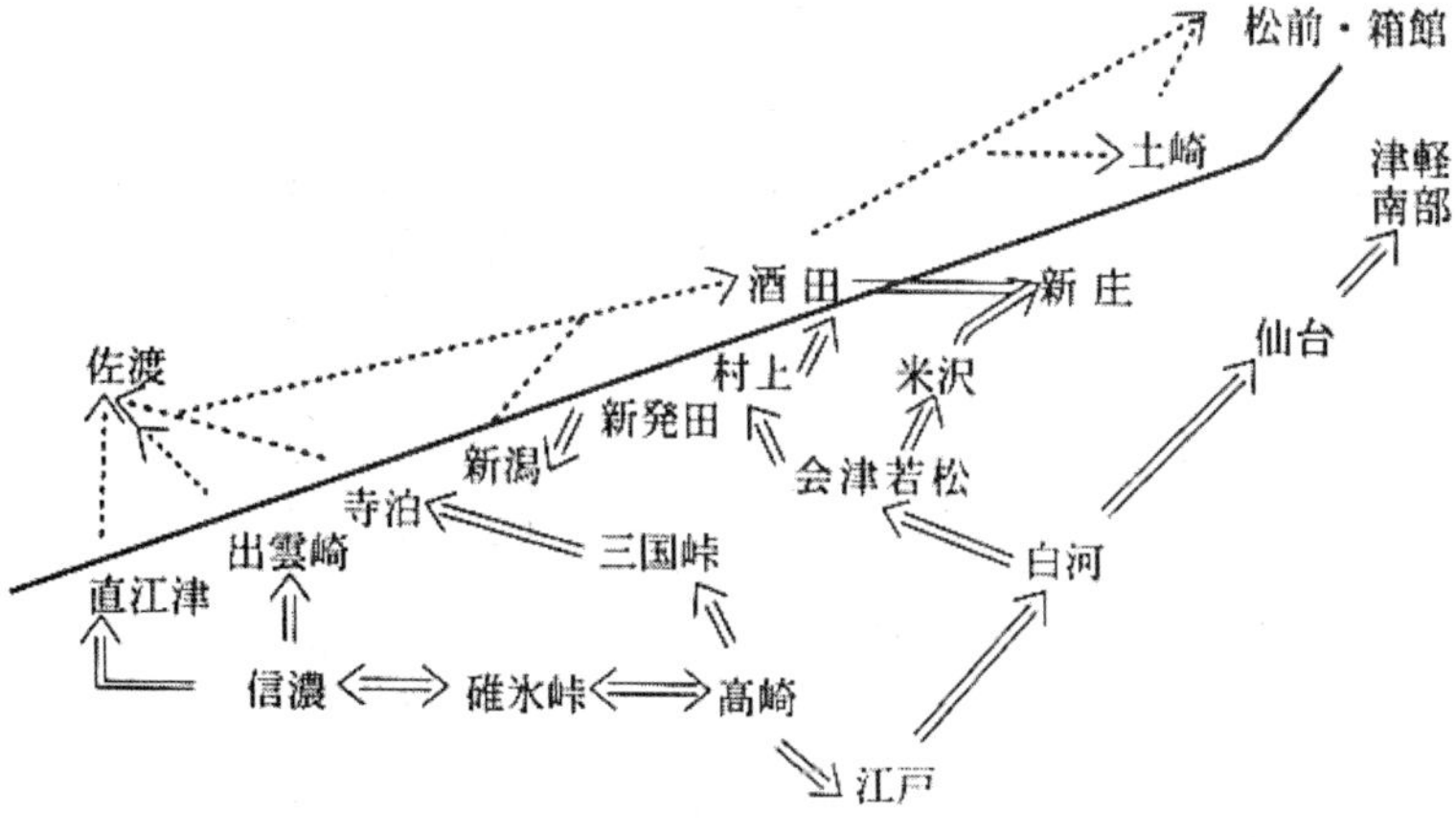


〈民謡の伝播地と移動路の概路図〉

## ⑵ 越後地方の位置と民謡などの伝播

江戸時代には越後（新潟）地方は南から高田、長岡、村上の諸藩の他、幕府直轄地の新発田や佐渡が配置され、佐渡には佐渡奉行が、幕末には新潟に新潟奉行が置かれていたところで、国内でも人口の多い地域であった。こうしたことが人とモノの動きを大変活発にしていたのである。

特に、佐渡は金山開発や海上交通上からも重要視されていたようで、例えば相川のみならず小木港や両津港には数多くの民俗文化が集積することにもつながっていたのである。従って、佐渡と本土を結ぶ交易路は江戸とも直結するものになっていたし、これを通して様々な民俗芸能や民謡が芸能者によって運ばれ、かの地に定着させることになった。

当時から、江戸から佐渡へは三つの路があったようで、主なルートは以下のようになる。

①白河から会津若松を経て、新発田や新潟を経由し寺泊へ至り、そこから船で佐

渡へ渡るルートである。三条や長岡のごぜが往来したルートの一つでもあった。

②高崎から三国峠へ向かい、そこを越えて長岡経由で寺泊へ、そして佐渡へ渡るコースである。この路は多くの芸人が利用した路であったらしい。江戸までの宿場宿場で飯盛稼業をする女達も出稼ぎに名を借りてやって来て、やがてその地に定着するものも多かった。「新保広大寺くずし」から派生した「木崎節」や「八木節」など数多くの越後系民謡が伝播した地域が点在するところである。

③高崎から碓氷峠へ向かい、信濃路へ入る路で、そこから出雲崎や直江津へ出て佐渡へ渡るルートである。「馬子唄」が転化して宿場での酒盛り唄となった「信濃の追分節」が発生した地域である。これが越後新潟に入り「越後追分」を誕生させていくのである。

これらの路が、ごぜや座頭、出稼ぎ人のみならず、犯罪者をも運搬する移動路になっていたのである。白河藩や会津藩では特に犯罪者に対する扱いは丁寧なもので人情溢れる逸話が数多く残っていたと民謡研究家の町田嘉章は何かの民謡番組の中で話したことを私は記憶している。

## ⑶　西廻り航路の隆盛と民謡の伝播

北前船の往来に利用された西廻り航路で日本海沿岸で繁栄した港は、主に新潟と酒田であった。これらの都市では単に経済活動のみならず、人々の文化的な交流でも繁栄し、検校と呼ばれた盲目の芸人やごぜだけでなく、船主であった旦那衆や船頭衆なども諸芸の運搬者になっていた。彼等は、日本海を漸進しながら北上した「はいや節」「出雲節」の他、秋田を中心に広く「荷方節」と呼ばれた「松坂」も伝える立役者となり、その流行を担った人々であった。

〽にかたいつくる今月末に　のびて来月二日頃

これは、仙北地方の「荷方節」で歌われてきた歌詞の一つだが、〈にかた〉は新潟方面から巡業してくる芸人を指している。

一方、信州や上州方面からは、「信濃追分」が越後に入り「馬方三下がり」や「越後追分」と呼ばれた酒席の騒ぎ唄となって大流行した。その片鱗は小千谷や塩沢方面の魚沼地方に残存し、戦前「追分」調の古民謡が採集されて今に伝えられてもいる。

新潟では「馬方三下がり」や「越後追分」は「松前節」とも呼ばれていたが、この曲調が新潟古町の芸妓によって歌われていた姿が記録されている。港町で知り合った同士が別れねばならぬ定めを歌った誠に哀愁を帯びた内容で彼女らに歌われていたのである。

「松前節」として、こんな歌詞が記録されている。

〽蝦夷や松前やらずの雨が　七日七夜も降ればよい

なお、この曲調には遠く平戸方面の櫓こぎ唄である「エンヤラヤ」の唄も影響し、合いの手として後唄に歌われ、一層味のある宴会向きの唄となっていた。

〽お前越後かわたしも越後　エンヤラーヤー　お国訛りがなつかしや

実は、昭和に入ってこの曲調が「最上川船歌」にも転用されているから興味が湧く。

いずれ、これらの民謡は海路で日本海沿岸をさらに北上し、北海道の道南地方、松前や箱館（函館）と結ばれて、運ばれたのである。

道南地方の江差、松前、箱館（函館）では、「越後追分」は「江差馬方三下がり」「浜小屋追分」「松前追分」などとして歌われ、やがて明治期に入り、民謡人の平野源三郎や三浦為七郎らにより今日の「江差追分」として形も整えられて歌い出されるようになったのである。
また、北陸以北で通称されていた「出雲節」は、その名のとおり山陰出雲地方の酒盛りの騒ぎ唄「さんこ節」や「安来節」が「ハイヤ節」の影響も受けて伝播したもので、新潟や佐渡では「船方節」と呼ばれるようになり、これが佐渡より酒田に伝播し由利方面に入ったものと考えている。
金浦地方では「出雲節」「船方節」の名で残存しているし、能代方面では「船方節」や「舟唄」などの名で曲調が伝承されている。
〽お前一番鶏から二番鶏　三番鶏の鳴くまでも
好いたお方を寝かし置き　起きて見たれば雨と風
雨風見かけてゆかさりょか…（略）…
帰るお前の心より　帰すこの身は　トコあんさんなおつらい
〈トコ〇〇〉で締めくくる歌詞から「トコなんだい節」などともいわれ、関西方面で随分流行した唄でもあった。

今日〈〽ハーァー　三十五反の帆を巻き上げて…〉と歌う「秋田船方節」は昭和10年代半ば頃、男鹿の船川で芸妓をしていた歌い手の森八千代が歌い出した新しい民謡である。土地の芸妓達は「船川節」の名称で酒盛りの席で客を相手に歌っていたものを彼女らしく歌い出したと言える。もとの曲調は「能代船方節」などであったろう。

## (4)　盆踊り唄は陸路で伝播

越後の新発田以北から酒田へは、陸路での伝播が基本であったと思われる。この伝播の主流をなしたのは「新保広大寺くずし」から派生した「越後甚句」系の盆踊り唄で、時に「はいや・おけさ甚句」調の曲節も混ざるものもあった。類似の唄が新潟の新発田や村上地方、庄内地方、少し内陸に入った小国地方、そして秋田の由利地方や男鹿南秋地方、さらには山本地方にと広く分布するのである。

〽盆の十三日二度あるならば　親の墓所《はかしょ》もノー二度まいる

〽盆の十三日正月から待ちた　待ちた十三日ノー今来たか
〽踊おどるなら板の間で踊れ　板の響きでノー太鼓いらぬ

こうした歌詞は各地でほぼ歌われていた。

秋田民謡研究の祖であった小玉暁村は、旧八郎潟周辺地域を「南秋は盆踊りの国」と表現したが、日本海沿岸各地は何処でも〈キタサカサッサー〉〈イヤサカサッサー〉と似たような囃子で盆踊り唄が歌われた。

この唄が米代川を遡るようにして鷹巣や大館方面へ、比内や鹿角方面へと伝播し、「大の坂」や「台の坂」と呼ばれる盆踊り唄をも生んでいったのであろうと私は想像している。

新潟堀之内方面の「大の坂」という盆踊り唄は二上がり調の雅でやや明るく緩やかな曲調を持ち、京都の祇園囃子で歌われる唄の流れを持つと言われているが、あるいはこの曲調がやや鄙びた形になって遠く秋田の米代川流域にも伝播することになったのかも知れない。

大館の南方の比内大葛の盆踊り唄「大の坂」にはこんな歌詞がある。

〽踊おどるも跳るも今夜だ　今夜のお月様山こ抱いて御座る
〽踊見るより田の水見ないが　親父喜ぶサイ稲もてる

農村で暮らす人々の生活誌が表現されていて面白い。

越後で流行した五大民謡「追分、おけさ（甚句）、はいや（騒ぎ甚句）、出雲節、松坂（にかた節）」もさることながら、民謡の伝播上ではこの「越後甚句」系の盆踊り唄の曲調の北上も極めて重要と考えている。

## (5) 文人や芸人、出稼ぎ人の存在

文人や芸人、名もない出稼ぎ人達が残した言葉が人々に口ずさまれ伝えられてきたが、それらが歌詞になって残っている例は探すときりがないであろう。

例えば、俳人松尾芭蕉の『奥の細道』に載る名句から元禄の世相を見ることができる。

荒海や佐渡に横たふ天の川

一つ家に遊女もねたり萩の月

越後の人々にとって、佐渡は経済交流を中心に人々の往来も多かっただけに唄の歌詞に事欠かない存在であった。また、街道筋で同宿する旅芸人や遊女達の存在はごく日常的なものであったろう。そんな情景から民謡が聞こえてきそうでならない。彼等にとってこれは最高の娯楽であったと思うからだ。

出稼ぎ人の中には、こんな名言をはいて歌ったものがいたかも知れない。

〽越後出る時ゃ涙で出たが　いまは越後の風もいや

彼等は故郷を離れるときは肉親との別れで辛かったであろうが、江戸の風に馴染んだことで何程か田舎の辛い生活が思い出されたことであろう。悲喜こもごもながら、江戸の文化の風は人々の生活まで変えてしまったのであろう。

しかしながら、故郷の唄は忘れることの出来ないものであったろうし、何かの席でも披露する者もあったろう。江戸の流行の唄も覚えたろう。こうしたものの織り交ぜで、とりわけ多くの幕末期の民謡は生まれたのではないだろうか。

その代表格は越後甚句系の口説き唄で、それが関東で「とのさ節」として大流行する。

〽とのさエー　殿さ聞いてくりゃれ見てくりゃれ殿さ
　かわいお方と添いたいために　方々神様へ心願かけた
　一に伊勢の大日様よ　二は新潟の白山様よ…

これから分かるように、我が秋田の「飴売り節」と同系の民謡になる。
幕末以降に関東から北上して奥羽各地で大流行した民謡である。
越後のごぜと座頭、あるいは飯盛女、農村からの出稼ぎ人たちの存在は様々な民謡の運搬者として、やはり注目されてよい。

## ⑹ 民謡「松坂」の伝播と定着

陸路で江戸へ、そして白河から奥州各地へと、あるいは越後から直接奥羽へと、越後地方ゆかりの民謡は変化しながら南進あるいは北上した。座頭やごぜの運ぶ「越後松坂」（祝い唄）は、こうして各地に波及したのであろう。

新潟県新発田の「松坂」は阿賀野川を遡るようにして会津盆地に移入された。

〽朝咲いて四つにしおるる朝顔さえも　離れまいとてからみつく

〽元日に鶴の音を出すあの井戸車　かめにくみこむ若の水

会津ではこの祝唄「会津松坂」を生み、さらに米沢へ向かい、置賜・村山の「松坂節」を誕生させる。似たような唄は我が秋田では「荷方節」で歌われている。

実は、米沢近郊の小野川温泉はごぜの逗留地、稼業地として大切なところで、多くの越後方面生まれの民謡が集積した土地なのである。

会津藩は盲目の子女を越後の有力なごぜ集団に預けて、その身上の保護を依頼してきた歴史を持つが、こうしたことも民謡の伝播・定着を考える上で考慮しておかなければならないことである。

繰り返すが、秋田では「松坂」は仙北地方を中心に「新潟節」、あるいは訛って「にがたぶし」と通称した。人々はこの祝い唄を草刈り唄などにも転用して歌い、「荷方節」の名が定着した。

明治42年10月発行の『風俗画報』（401号）には「羽後国仙北地方俗歌　荷方節」

が紹介されている。
○白鷺は、小首かたげて、二の足踏んで、やつれ姿の水かがみ、朝かへり肩に手をかけて、これまたしやんせ、話残したこともある。
○大曲街道サ、桃の木植ゑて枝は六郷で、葉は横手、花は湯澤の城で咲く、桃は院内の峠《とげ》で生《な》る、鳥海颪に落されて最上博労に拾《しろ》はれて、売られて買はれて流された。
〈白鷺は…〉の唄は、秋田の旧久保田城下や土崎港の他、角館などの歓楽街でも歌われていた歌詞で、祝唄としてだけでなく、日常的な宴席でも歌われていたらしい。

〈大曲街道サ…〉の方は、土地の方言満載の歌い方で興味が湧く。ここには身売りされていく若い女性の儚い身の上が歌い込まれていて、何とも痛ましい。

いずれ、明治期にこうして歌われていたことを知る資料になる。

また、岩手や八戸の南部、青森の津軽にも「なかおくに」や「松坂節」が存在する。

こちらでは「出雲節」の曲調が〈あんこ入り〉の形で導入され、口説調の味を醸し出しているものもあるから面白い。

## (7) 渡海者達の功績

最後に、奥羽の民謡の味を、道南地方へ運んだ人物にふれておきたい。

北海道江差町の東本願寺別院の境内に記念碑が建つ南部の座頭・佐之市坊、そして岩手の水沢の虚無僧・島田大次郎である。

〽追分はじめは佐之市坊主で　芸者のはじめは蔦屋のかめ子

幕末期に入って渡ったとされる佐之市坊の功績は、彼得意の「松坂」の曲調も取り入れた新しい追分節を誕生させたことにあろう。

津軽には道南地方から逆移入された「謙良節」も歌われてきた。これは「松坂」の道南版ともいえる民謡になろうが、そのような歌い方を作っていた人物の一人がまた、佐之市坊であったろう。

島田大次郎の渡海は明治の20年代らしいが、今歌われる「江差追分」の前唄に〽ヤンサノエー〉と歌う「信濃川船唄」を入れたという。

〽松前江差の津花の浜で　ヤンサノエー　すいた同士の泣き別れ

　連れて行く気は山々なれど　女通さぬ場所がある

これは、有名な「江差追分」の前唄である。越後には「信濃川船頭唄」が戦前に町田嘉章により収録されているが、それとは違う「平戸節」系の民謡なのであろうか。津花はニシンの漁港として栄えたところ。漁港で恋仲になった男女の別れの舞台になった所として歌い込まれていて情緒深い。

なお、彼もまた十分に「松坂節」を会得していたであろうし、そういう要素も加味したかも知れない。

やがて北海道で育った「追分節」や「謙良節（松坂、荷方）」が、大正、昭和のメディアの普及により、奥羽各地へ逆移入され歌い出された。

と同時に、北海道の民謡人・三浦為七郎などが当時の奥羽各地で興行を行い、特に「江差追分」を歌い広めた。これが秋田の民謡人・鳥井森鈴などの民謡活動に大きな影響を与えることになり、彼の「秋田追分」を誕生させる動機に結びつくのである。

また、「北海荷方節」は八戸方面では「南部荷方節」として愛唱されるようになり、戦後には秋田の永沢定治や浅野梅若らにより「秋田荷方節」として歌い出されることになったのである。

〽にがた寺町の花売り婆様《ばさま》　花も売らぬで娘売る

「秋田荷方節」では、今は〈娘売る〉を〈油売る〉と歌うが、もとはこんな歌詞もあったのだろう。もちろん〈にがた〉は〈新潟〉をいう。

以上、海を渡り北海道に伝播した越後の「追分節」や「松坂」などの民謡は、渡海者達の努力もあって北海道生まれの民謡となり、本州に逆移入され歌われるようになった訳だが、秋田民謡を代表する「秋田荷方節」や「秋田追分」の誕生にも影響を与えたというのが実相になろう。

## 6　唄われてきた〈荷方いつくる〉が物語ること

### (1)　荷方いつくる……

秋田の地に影響を与えてきた「追分」や「松坂」などは「北前のうた」として出羽や奥羽の各地にも伝播し、土地土地でふさわしく曲節も唄の名もつけられて定着した。これらの民謡の歌詞の中に〈〽荷方《にがた》いつくる…〉と歌い出すものがしばしば見受けられる。

秋田の仙北地方で歌われてきた「荷方節」では、

〽荷方いつくる今月末に　のびて来月二日頃

などと歌う歌詞も残っている。

実は、この歌詞について整理し考証してきた研究者も何人かいる。今、私の知る限りでは、神戸市にお住まいの民謡研究家の宮崎隆さん、岩手大学で教鞭をとっていた雫石の故田中喜多美先生などがそれになろうか。

## (2) 宮崎隆氏の考え

宮崎隆さんは、ながく秋田の地に足を入れ、「荷方節」で歌い合う掛け唄や民謡「さいさい」の研究を続けられてきた人である。

氏は、平成2年12月に『第二次芦屋ゼミ』第十号で、秋田の地における「にがたいつくる…」を整理し、「荷方節」の伝播と「掛唄」に関する仮説を立てられた。

その論文で、まず次のような人々の唄を紹介した。

①酒盛唄「仙北荷方」として旧西仙北町大沢郷の田村操さん（大正6年生）

〽荷方いつ来る今月半ば　いくら伸びても二十日ごろ

②座敷唄「荷方節」として旧太田町駒場の佐々木正一さん（大正9年生）

〽にがたいつ来る今月末に延びて来月二日頃

③座敷唄「荷方節」として旧平鹿町深間内《ふかまうち》の田中寸志穂さん（明治35年生）

〽荷方いつくる今月末か　遅れて来月五日ごろ

氏は、この「荷方」は一種の放浪芸人が街道を通って一定の時期に必ずやってくる者を指していると考証された。

また、この唄には、二つの系統があるとして、①舟乗りたちによって各港町に流布していったもの②漂泊の遊芸人である瞽女、すなわち荷方たちによって陸路を各村々に伝播していったものになるとされた。この中で氏は、その伝播者として①とも②とも結論は出されていない。

## (3)「荷方」は、にがたとよむ

私のおばさん（母の姉）や母、あるいはおじさん（母の兄）たちは「にがたの唄っこ」とよく話していたことから、秋田では「荷方」は「にかた」ではなく、「にがた」と読んでいたものであろう。

これは、まさしく「荷方節を歌う芸人」を指すものであった。彼らは、決まって秋も押しせまった頃に来るか、冬の落ち着いた頃に来たものらしく、だいたいは越後の人々であったらしい。

瞽女が来た話は、秋田の地ではあまり聞かないが、新発田や中条、村上方面から陸路で入った人はいたらしい。そういう人々とは大いに交流があったのではないだろうか。おばさんなどは、「新潟《にがた》の村上のふと（人）だだな。」などと、その出所も記憶していた。必ずしも女性だけでなく、男性も一緒のことが多かったらしいが、定かに私も記憶していない。

## (4) 幼少時代の体験から

実は昭和30年頃のこと。私の実家は当時、秋田市の川口周辺にあったが、通称新国道と呼ばれていた道路沿いに「カドヤ」という魚屋があった。カドは秋田では鰊《にしん》のことで、これが多分魚屋の通り名になっていたのであろう。魚臭いその一角で、私は時々大きな風呂敷包みをかかえ何か芸事でもする風な恰好をした人々を見かけることがあった。決まって冬から春先だったような気がする。親しげに店のおがっちゃ（母さん）と話すことばはどうみても秋田訛りではなかった。今思えば新潟や庄内方面からの「荷方《にがた》っこ」たちであったのではなかったか。魚屋を少し北へ進むと川反や米町などの歓楽街もあり、東へ進めば川口の木場である。芸人の稼ぎ場になっていたのではないか。彼等は、祝い唄の「荷方節」も背負ってきた「ホイドッコ」（芸人）だったのではないか。そういう風俗をまだ垣間見ることのできた時代だったように思っている。

## (5) 田中喜多美氏の考え

さて、『岩手県史』第十一巻（民俗編）〈昭和40年11月刊〉の「舞踊と民謡」の項を執筆した田中喜多美先生は、「民謡のうち道中歌その他」の中で、この「荷方節」をとりあげ、「岩手郡雫石地方でもよく唄われている」「出羽仙北郡との交流もさかんであったからそれとの繋がりもあろう」「宴会の席で唄われている」ことなどを述べている。

〽荷方いつくる今月末に　延びて来月二十日ごろ
〽荷方いつ来る本月末に　のびて来月二日ごろ

の歌詞をのせ、次のような興味深い説明を加えている。

「積み荷卸しに従事する労務者や蔵方や船の荷方に働いている人々の唄とも見られる」「元来は船方衆の唄でもあろうか」と、北前の船乗り達が伝えた唄で運送にたずさわる労働者に好まれていたと想像している。そして、「今日来るはずの荷方衆は来月二十日ごろ来るという便りに、待つ人の胸中が漂っている」とも考えていた。この考え方でいくと、例えば日本海の港々で働いていた船乗りの荷方達がいつ来るか、その時期を知らせる歌詞が、そのまま内陸に入り歌われていたことになる。「荷方」は「荷方衆」を指すようだと、氏は考えていたのであろう。

## ⑹「荷方」はやはり芸人たち

民謡の伝わり方や呼び方から様々に想像もされようが、「荷方節」の曲節を伝えたのは、彼ら船乗り達でもあり、また旅の芸人集団でもあったであろうが、〈〽荷方いつくる…〉と歌う歌詞は、伝播した土地土地の人々がそういう文句で芸人を待ちわびる思いを重ねて歌ったものであろう。

ただ、秋田ではこの「荷方」を瞽女に重ねるのは実態からして少し難点かなとは思っている。ここは素直に我がおばさん達の意見を尊重したい気持ちである。明治、大正生まれの、しかも戦前の久保田の町（秋田市）や近郊農村で生活していた彼らの実体験に即するのがいいのかなという考えである。

## (7)「荷方」は新潟であり、芸人たちでもある

「荷方節」という語はまことに不思議なもので、いくらでも想像を広くさせてくれる。かつて民謡研究家の武田忠一郎は、『東北の民謡　第一編岩手縣の巻』（昭和17年）で、「松坂」「けんりょぶし」という唄は、ところによって姿をかえ、祝い唄として謡われていることをあげ、秋田では「三吉節」や「荷方節」として、南部で

は「南部荷方節」や「なかおくに節」と呼ばれているとした。「荷方節」は、小玉暁村の分類を引用して労働の唄とした。彼は秋田の地で「草刈荷方」として歌われていたことから、そう考えたのであろう。しかし、基本はやはり祝いの席で歌われた「新潟節」であったことは、戦前の民謡歌手、田中誠月や加納初代の残した音源〈〽白さぎは小首かしげて…〉からうなずかれるところである。

すなわち「荷方」は新潟が訛った言い方であろうし、〈〽荷方いつ来る…〉の歌詞から「荷方」はまた越後方面から農閑期などを利用して働きに出ていた芸人集団をさすとするのが妥当なところではないかと思っている。彼らは、出羽や南部の地でくらす人々に、越後の唄を「松坂」ととももたらした、まことに民謡の種をうえつけた人々であったといえよう。そうして農村に暮らす人々によって〈〽荷方いつくる今月末に　のびて来月二日頃〉の歌詞で歌われる唄っこも生み出されることになったのである。

昭和12年の春に放送された民謡家・後藤桃水の「俚謡講座」で民謡お国自慢の紹介があった。旧仙北郡中川村（角館町）の田口勝太郎は「仙北荷方」として、この歌詞で歌っている。かつて村人達は、彼らの芸をどれ程心待ちにしていたことか、そういう気持ちも歌い出されていたのではないだろうか。

### 表紙の写真

## 早春の院内峠

### ー「荷方節」にも歌われた峠道＜ 2020.2 ＞

かつての大動脈、羽州街道。秋田側への入り口、山形県側の及位付近。

写真の左側が新道の国道13号線、右が羽州街道（旧国道）で、昔はこの道を通って、秋田領へ向かっていた。人とモノが行き来した大動脈であった。

『風俗画報』（明治43年10月５日発行、東陽堂　編）の「羽後国仙北地方俗歌　荷方節」の中に＜水羊　生＞という人が、次の歌詞を紹介している。

「〇大曲街道サ、桃の木植ゑて　枝は六郷で、葉は横手、花は湯澤の城で咲く、桃は院内の峠《とげ》で生《な》る、鳥海颪《おろし》に落されて　最上博労に拾《しろ》はれて、売られて買はれて流された。
此歌、恐らく薄命の女の、流転せる境遇に随ひて身を売り操を売りたる有様を歌ひたるものならん。」

わたしは、明治の頃にこの松坂調の「荷方節」で歌われたであろう薄命の女性の生い立ちと変わりゆく姿が痛ましく描かれていることに、何か人生の哀れを感じてしまった。

羽州秋田街道の院内峠を行き来した人々の姿の一面を描いたものだが、＜峠－颪－身売り＞といった様子が民謡の中に歌われていたもの悲しさが忘れられない。

# 7　太平が生んだ民謡人、田中誠月と永井錦水

## (1)　はじめに

平成27年（2015）7月13日、夏の暑い盛りの午後、私は郷土芸能研究家の工藤一紘さんと秋田市太平中関にある田中誠月翁の生家を訪れた。彼は昭和初期から太平洋戦争中に鳥井森鈴とともに秋田民謡界を牽引した一人として忘れてはならない人物である。

この日は誠月の孫の重悦氏（故人）の奥さんである田中昭子《しょうこ》さんや孫の田中力《つとむ》さん（故人）、それに地元の郷土史研究家の追留吉雄さんらにお会いして、在りし日の誠月の活躍の姿を中心にお聞きした。

田中誠月は本名辰三郎、明治25年（1892）の生まれである。母のミツは秋田市金足の鎌田家より嫁いだ人で大変民謡が好きで唄もうまかった女性であったらしい。その血が誠月に遺伝することになったのである。

もう一人記憶にとどめておきたい太平の民謡人がいる。永井錦水（金市郎）（明治32年生）である。同年秋に、錦水の二女、佐藤敏《とし》さん（昭和6年生）とお会いしたとき、彼は謡をよくする人で御祝儀などあればよく呼ばれていたと話してくれた。「江差追分」が得意で歌声は頭から離れなかったともいう。錦水にしてみればその曲調はやはり〈俺の「秋田追分」〉だったのであろう。

誠月と錦水―二人の民謡人生を中心にその姿を追ってみたい。

## (2) 太鼓の名人・田中誠月誕生のこと

明治40年頃の10代から天性の美声が評判であった誠月が、一躍世にその存在が知られるようになったのは実はそんなに早いものではなかった。大正15年（1926）11月13日に、仙台の歌舞伎座で開催された東北六県民謡大会。この時の歌い手は秋田からは鳥井森鈴で三味線伴奏は佐藤東山師、そして太鼓伴奏が田中誠月であった。森鈴は「秋田おばこ」「秋田よされ」「秋田おはら」を歌った。誠月の太鼓と呼吸が一致、素晴らしい舞台であったであろう。

この年はまた、すでに東北民謡界ではその名も知られていた後藤桃水翁によって「東北六県の民謡」がレコード吹き込みされた。森鈴をはじめ、青森の成田雲竹、岩手の法領田万助、宮城の赤間森水、福島の鈴木正夫、そして山形の岸北星といった蒼々たる顔ぶれであった。歌い手には伴奏が大切なもの、その伴奏人として名を連ねることはなかなかに重要なことである。〈太鼓の名人・田中誠月誕生〉の瞬間ではなかったかと想像する。

## (3) 次代を担う民謡人の発掘

気の合うもの同士の出会いは人生そのものをある方向へと導いていくものである。誠月は森鈴との出会いで、単なる民謡人としてだけでなく、次代の民謡人を育てる人物にもなっていった。

昭和2年(1927)のこと。若き二人は男鹿の船川で歌会興行を企画実施している。その時に飛び入り出場して「津軽じょんがら節」を歌った若い女性に彼等は注目した。旧八竜町鵜川の清水リワという女性である。若干22歳、まことに声量豊かで張りのある声に将来を見たことだろう。後に「秋田船方節」を生み歌い出した森八千代の発掘になる。

当時秋田民謡界で実力も上がっていた森鈴や誠月なればこそ出来る事例になろう。彼等に注目されることがどれだけ大きかったかはその後の昭和5年（1930）金浦での加納初代の発掘などにもつながっていった。彼女は後「本荘追分」で有名となる。

## (4) 三吉節の名手・田中誠月、名調子の「にかた節」のこと

昭和7年（1932）UK秋田放送局が開局することでラジオでは民謡（俚謡）番組は大変な人気になっていくが、田中誠月はたびたび唄に伴奏に出演する。昭和10年前後の放送番組からその様子を見てみよう。

昭和9年（1934）9月22日の放送では河辺の加賀谷かねの「秋田甚句」本荘の松井よしの「臼挽唄」と「本荘追分」で太鼓の伴奏。昭和10年（1935）2月26日の放送では「秋田追分」を演唱、同年9月3日の〈UK放送：マイクの旅・第六夜〉では「秋田音頭」「生保内節」「おばこ節」「秋田甚句」などの太鼓伴奏を担当。この放送では仙北民謡の放送ということもあって小玉暁村が民謡の解説をしている。暁村は秋田民謡研究の第一人者ということもありUK放送では度々出演があったらしい。

また、昭和12年（1937）2月26日には彼得意の「三吉節」が放送された。この頃すでに〈誠月の三吉節〉は有名になっていたらしく、多くの秋田県民はラジオから流れるその名調子に聞きほれていたのである。荷方節の曲調を持って歌う梵天唄と解説されて以下の歌詞で歌っていた。

〽わたしゃ太平山三吉《おいだら》むすこ、人におしまけ大嫌い
〽太平山《たいへいざん》の一の鳥居に蛙《かわず》が登った、明日の天気は雨となる…

昭和15年（1940）2月には「おやまこぶし」「三吉節」の二曲を放送した。

〽春が来たとて垣根の草も　思ひ思ひの花が咲く
〽忍ぶと云ふ字は刃に心　その気でなければ忍ばれぬ

彼は鳥井森鈴が得意とする曲調で歌ったもので「南秋《なんしゅう》おやまこ」と呼ばれていたものと思われる。

同じ年の5月の東北民謡試聴会では「三吉節」と「にかた節」を歌う。彼の「にかた節」はいわゆる「仙北にかた節」とは違い、当時秋田市周辺で祝言などがあれば広く歌われていた「松坂」即ち「新潟《にがた》節」であった。

大正15年11月「東北六県民謡大会」出演の記念写真〈仙台松島の五大堂にて〉
左から、佐藤東山、田中誠月、鳥井森鈴。この時、森鈴27歳、誠月34歳であった。

## (5) 太平の盆踊唄「見下し節」のこと

戦時中の昭和17年（1942）9月、秋田郷土芸術発表会が秋田市で開催されたとき田中誠月は「三吉節」「お山こ節」「見下《みおろ》し節」などを歌っている。

〽ハァー高い山から見下せば　梅や桜の　中に青々と　あれは秋田の蕗畑
　ハァー登りゃんせ見やしゃんせ
これは「見下《みおろ》し節」という唄の歌詞である。当時の大平村では盆踊りの時に歌われていた民謡というが、今では記憶している人がいなくなってしまった。彼は戦時中のこの時期に、秋田を訪問していた民謡研究家の町田嘉章に古老から聞いた話として「明治の初め頃から秋田あたりの人が太平山の山登りなどの時に歌ったもので盆踊りでも歌っていた」ことを教えている。この唄は誠月の記憶の中には鮮明に残っていたらしく、町田は藤井清水《きよみ》の協力を得て五線譜に記録した。「日本民謡大観―東北編」にもその楽譜が載っている。
私はこの唄の曲節を知るため、秋田の語り部として活躍している中川文子さんの協力を得て楽譜を下に自分の唄で再現してみた。その歌声を記録し再生したものは地元太平の方にもお渡ししている。明治以降の流行唄《はやりうた》の流れらしく歌いやすく覚えやすい調子の新民謡といえよう。〈田中誠月発掘の唄〉といってもいいのではと考えている。

## ⑹「追分」と「三吉節」の永井錦水

後藤桃水が田中誠月や鳥井森鈴とともに注目していた人物に永井錦水もいた。錦水は昭和3年（1928）6月16日にNHK仙台放送局開局記念番組が放送されたとき、「秋田追分」と「秋田三吉節」を歌っている。「江差追分」を得意としていただけに「秋田追分」は北海道道南地方の松前節調のものであったろう。音源が無く確かめようがないが森鈴調ではなかったと思っている。

〽松前のずっと向ふの江差とやらは　朝のわかれがないそうな

この歌詞は実は新潟あたりで歌われている「松前節」でも歌うのであるが北海道へ持ち運ばれた歌詞でもある。多分、名人・三浦為七郎調の「江差追分」風で歌った本唄のみの「秋田追分」だったと思っている。

「秋田三吉節」は昭和7年（1932）2月26日のUK秋田放送局開局記念番組では「三吉節」として、同年9月の仙台からの中継放送では「保呂羽梵天唄」として歌っている。

〽わたしゃ太平《おいだら》三吉のむすこ　人におしまけ大嫌い
〽伊勢へ七度高野へ八度　出羽の三吉に月詣り
〽朝の出がけに東を見れば　黄金まじりの霧が降る

当時「三吉節」は「保呂羽山節」をこう呼んでいたことが知れる資料にもなる。旧大森町八沢木辺りで歌い継がれている「八沢木節」即ち「保呂羽山節」が移入されて大平の地で「三吉節」として歌われたことがわかる。曲調はもちろん「にかた節」である。こちらも彼が得意として度々演唱することがあった。

## (7) 県派遣演芸慰問団と永井錦水

永井錦水は、昭和15年（1940）6月から7月にかけて県派遣郷土部隊演芸慰問団として満州慰問にあたっていた。記録によってその顔ぶれをみると、錦水こと大平村の永井金市郎を中心に、寺内村の鎌田兼蔵（万歳、漫談）、二ツ井町からは民謡の小濱與治郎（成田与治郎）と工藤儀一などが派遣された。なお、同じ頃小玉暁村や黒沢三一、永澤定治らは北支慰問しているし、翌年には第二次派遣として加賀谷かねも北支慰問している。

錦水はじめ慰問活動のため渡海した多くの民謡人はそれぞれに複雑な思いで活動したことであろう。平和な社会になって人生を歩み始めた私などに比べ、その苦労は並大抵ではなかったと思う。彼は県の命を受けて渡海したが、その支えとなっていたのはよき理解者としての師・小玉暁村の存在があったのではないだろうか。暁村の県内の民謡調査では錦水は太平をはじめ秋田周辺の様々な民謡について調査、協力していたらしく師弟関係を結ぶ中でもあったらしい。

永井家は残念ながら火災に遭い、錦水が残したであろう手記や写真がすべて灰に帰したと、敏さんが淋しげに話してくれたことが印象に残っている。今では詳しい戦時中の模様を知るすべもない。

## (8) 結びにかえて――太平を愛し、郷土に生きた人

私は、田中誠月と永井錦水を〈太平を愛し、郷土に生きた人〉と表現したい。

戦後間もなく「日本民謡協会秋田県支部」を結成するときに、二人は顧問に就任している。永澤定治も鳥井森鈴もその存在を意識してのことであったろう。特に、錦水の調整役としての姿は記憶されるものだったと聞いている。中塚富之助や奈良環之助、山崎新太郎（ふっさ）、大島清蔵などの文化人も顧問に名を連ねているが、こうした人々とも交流も深かったらしい錦水の存在は大きかったのではないだろうか。これらの出来事は後の秋田民謡界の方向を示すものとして重要なことと記憶したい。

また、誠月は民謡の世界だけでなく、地元太平地域での社会活動に貢献した人でもある。例えば、同地域にある「ツツジ園」。人々が楽しめる憩いの場の造成に並々ならぬ努力をしたのが誠月翁その人であったと田中力さんは話してくれた。「田中誠月翁之碑」と刻まれた大きな功徳碑がツツジ園の奥の高台に座っている。ここを

訪れたとき、今にも老若男女の晴れやかな声が聞こえてくる気がしてならなかった。

二人は戦後は民謡界で活躍することがなくなっていくが、何といっても太平を愛し、郷土に生きた人である。行政や民生、産業などの分野で地域に貢献を続けていた。誠月は晩年病気がちであったという。戦時中、県内各地を巡業することが多くそうした苦労も死を早めたかも知れない。生家には彼が愛用した太鼓が大切に保存されていた。また、政治家の一面を持つ錦水は農業振興にも努めた産業人でもあった。

そんな二人の心の中には、故人となった今でも「三吉節」と「追分」が生きていると確信している。

昭和7年2月、UK秋田放送局開局記念の放送番組に出演の民謡人達。佐藤敏さんによれば、前列左から二人目が永井錦水とのこと、前列中央が尺八の斎藤如水で、その左後ろが鳥井森鈴、その左が黒沢三一、如水の右隣りが太田秀月、西宮徳末である。

# 第二章　『ひなのあそび』にみえる五城目の盆踊りを考える

## 1　菅江真澄が記した五城目の盆踊―文化年間の頃

菅江真澄が文化六年（1809）に記した『夷捨奴安装婢』（以下、「ひなのあそび」）。盆踊りの起源や形式などを研究する際に多くの研究者が引用する文献である。

この文献中、十三日〈富美通喜（文月）〉の出来事に、「魂斎《ほかい》するゆふべより、廿日夜かけて盆踊ぞせりける。其躍に品あり、「あねこもさ」「袖子おどり」「ばらばらおどり」「ちらしおどり」「三脚《みあし》」「打小身《うちこみ》」「三勝」などとりどりなれど、さんかつはさうがもあらず、ただはやしのみして躍りぬ。そがくさぐさの諷辞《ふし》など、いとふるめかし。おほつづみを二ツも三ツも肩に掛てうち鳴らし、こと村に入れば「他郷へ越へて来た、僻《ひけ》とるな、ふしが揃はぬ御免なれ」と唄ふを聞て、その村の踊り子等声を揃へて「俄おどりを掛られた、足がそろはねごめんなれ」亦「唄の地を聞けふしをきけ、ふしがそろはねでやごめんなれ」とも答へ唄諷ふ也。…」

とある。また、同文献には久保田の俳画人五十嵐嵐児《らんじ》の絵とされるものが二枚載るが、その絵の上に次のような真澄の説明書きがある。

「飽田の盆踊いつらとはいへと、わきて馬場の目の山里はいとふるめきてあはれもふかし。はた五城の目の近きわたりにて唄ふ、浦の館から出た處女《めらし》としは十七名は虎子、しかすかに浦のあるし三浦統の乱のころよりうたふものかと、その世そ偲のはれたる。又、戀し北野のわせつばな男通へば二度はらむ、北野は立野の牧ちふあけつらひもあれは、いにしへは廣野にて今も田となり畠作り、ところところに人も住つへけれと、さゝやかならず。」

なお、傍線（筆者記）の部分は、同じ唄が文政四年（1821）の日記『雪の山越』にもあり、この続きとして

「いまを盛りと咲きたる花よ人が見たがる折りたがる」と記されている。これら二

つの歌詞が7775調の近世小唄調の新しい曲調を示していることから中世末期の〈三浦統の乱のころよりうたふもの〉とはいえないのではないかと思う。やはり文化年間当時全国的に流行っていた盆踊りで唄われた歌詞を示すものであろう。〈北野〉は現在の追分の北から新関あたりをさした広大な原野をいうのであろう。〈戀し北野のわせつばな男通へば二度はらむ〉という歌詞から盆踊りの一形態である掛け躍りを想像させる。

## 2　畠山鶴松が記した『我村の落書』から―明治の頃の様子から

今一つ、この五城目の盆踊りを考える上で大変参考になる資料がある。五城目町の郷土史家で文学者の小野一二氏が翻刻した畠山鶴松著「我村の落書」（昭和54 第三期新秋田叢書所収）である。

五城目町富津内の下山内の人、畠山鶴松は明治二十八年生まれ、この著の中には当然戦前までの盆踊りの姿が記されることになった。その「年中行事」中に、次のような記録が載る。

「…当時の盆踊の掛合(踊掛のこと=麻生注)は上山内と下山内は一番初めで十五日。十七日になると、一晩に浅見内、湯ノ又、富田と三村も掛合する。…(略)…どこの村へ行ても踊の中間で中入と云ふて、お酒と握飯を御馳走するものであったから、時間がかかるものである。十九日頃は、高崎、坊村、下高崎にも掛合に行く。そのたびに喧嘩するものであった。老若男女真剣に踊り、唄も太鼓も勇しかったもので、其の意気地が喧嘩の動機になったものであった。…」

盆踊の掛合のことを記した真澄の時代そのままの姿が記録された貴重な資料といえよう。畠山翁によれば、盆踊りは十四日から始まるが、この日は村中で子どもや若い娘達が踊るもので、踊掛合は十五日から始まったことも記している。しかも、本来、盆踊りは見せるものでなく、村民が踊り明かすものであることも暗黙のうちに知らせてくれる。

山内は現在の国道285号線沿い、浅見内方面は山内から北東方向、高崎はその南西方向で、おおよそ一里くらいが踊掛合の範囲であったことがわかる。

さて、文中にみえる盆踊りの数々に注目してみたい。「あねこもさ」「袖子《そでこ》おどり」「ばらばらおどり」「ちらしおどり」「三脚《みあし》」「打小身《うちこみ》」「三勝」。これらの唄の曲調に古い時代の名残を感じてもいる。今日、大方の人が唄や踊りとして名称とともに知ることのできるものといえば「あねこもさ」と「三勝」くらいではないだろうか。これ以外は今ではあまり、あるいは全く聴き知ることのできないものとなってしまった。およそ二百年の時を過ぎればなるほどといえなくもないが、しかし、これらの唄や踊りについて考えてみることで、この地域の風土というか、人々の生活や交流の様子も僅かながら伺い知ることができる。私はそういう思いから今少し考察してみたい。

**畠山鶴松翁と「我村の落書」**

- 畠山鶴松は、明治28年に五城目町富津内の下山内に生まれる。
- 農業のかたわら、山内番楽の保存と継承、後継者の育成に尽力した。

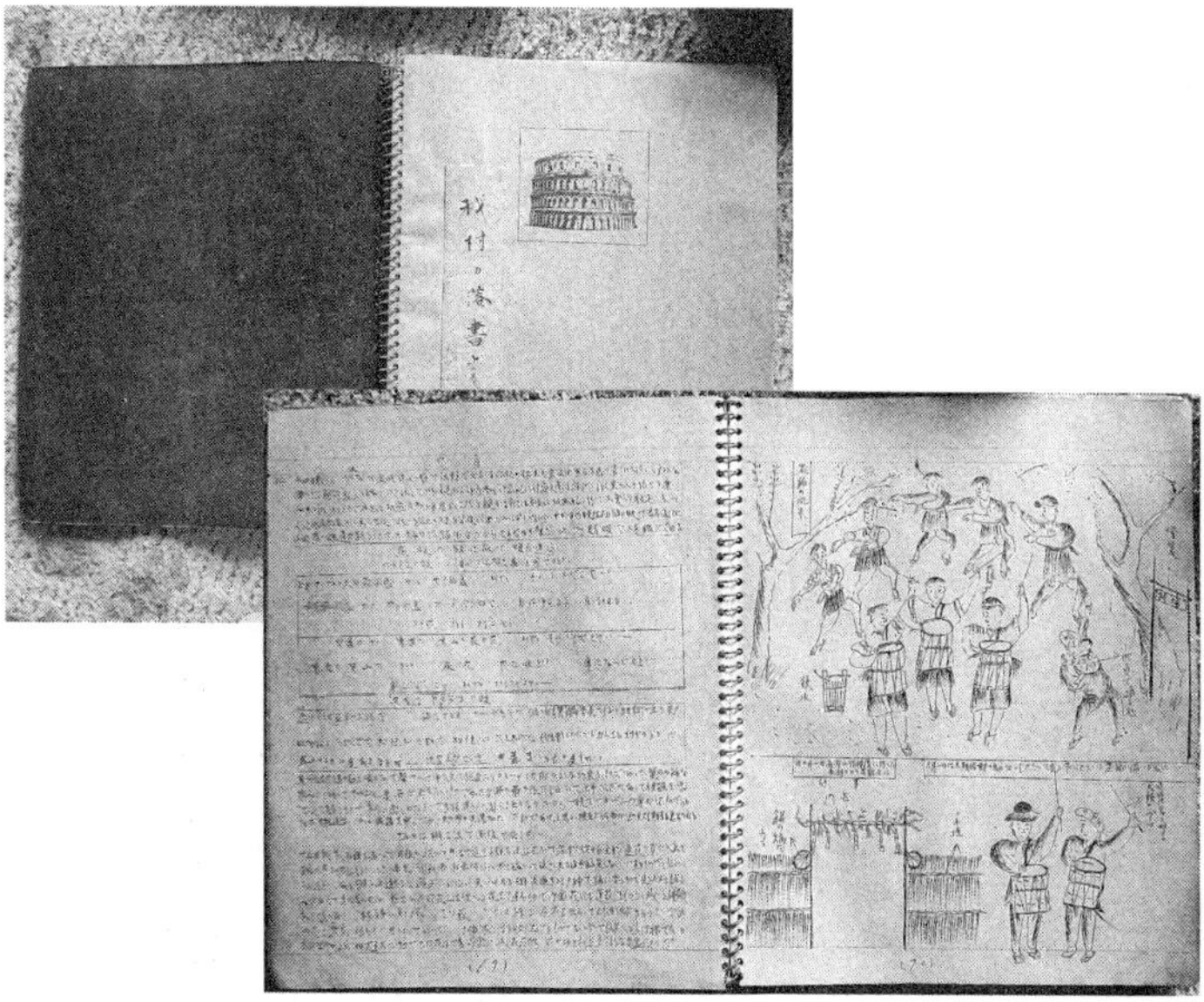

・昭和45年に五城目町の文化功労者。昭和62年、92歳で没した。

・上の写真は、村に古くから伝わってきた民俗行事や年中行事を「我村の落書《らくがき》」としてまとめたノートである。

・数多くの図絵を描き、その様子を克明に記録した。

旧7月（盆の月）のところには、つきこしの唄（ソデコ）やドドドコの唄などの盆踊り唄やその踊りの姿が記録されている。

・息子の畠山耕之助さん（昭和3年生）が大切に保管・管理している。

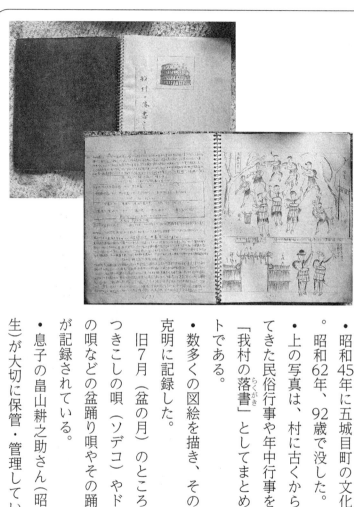

## 3 「あねこもさ」

「あねこもさ」は今日秋田を代表する民謡の一つになっている。『秋田の民謡・芸能・文芸―地方文化の源流』（昭和45 秋田魁新報社文化部）の〈PP・40―41城下町調《ちょう》へ〉の項によれば、「中世詞型と見られる南部「銭座節」は、仙北地方の鉱山にはいって、近世も末期の寛政（1789ごろ）から天保（1830ごろ）に流行した唄で、その中間の文化、文政が最盛期だったとされる。その古い曲型に近いものが、田沢湖生保内の歌い手、田口佐藤右衛門さん(当時66)の歌うものに残っていた。…」とある。田口さんの歌は私も聴いてよく知っているが、南部の「いせんざか（鋳銭坂)」と同じ曲調であり、どこか「ひでこ節」の元唄に似たところもある。〈中世詞型〉というのは室町時代の小歌などに見られる詩型575調を踏まえてのことであろう。

〽姉こもさ　そなたを妻に　持つならば　足駄はき　枝なき木にも　登ります

は田口さんのよく歌う歌詞である。

この「あねこもさ」がなぜ五城目あたりの盆踊りで踊られていたのであろうか。小玉暁村の『郷土芸術往来』（昭和9・秋田郷土叢話）に次のような注目すべき説明が載る。

「文化文政の頃は、懸内いたるところに流行したものかと思はれる。」

「延宝年間末より天保頃にかけ仙北地方の鉱山が大直利のころまぶきの者共に盛んにうたはれた、ためにこの唄をかね吹きふしといってゐるものもある。」

「鉱山ではまぶきには必ずうたふへきもののやうになってゐたといふ。」

『秋田の民謡・芸能・文芸…』に載る内容は、この『郷土芸術往来』を参考にして説明しているのであろうか。ただ、流行期について暁村は文化文政期に限っている。しかも県内いたるところで流行っていたとする。魁の記事はこれを寛政から天保とする。後述するが、〈〽姉こもさ　ヤアエ…〉と歌う唄が流行するのはまずはこの時代であったと想定する根拠に真澄の記した盆踊り「あねこもさ」の時代との重なりを意識してのことといえる。鉱山で働くまぶきの者が歌う調子が入っていたことを想像させる。

また、『秋田県史―民俗・工芸編―民謡』（昭和37秋田県）によれば、「姉コもさ」という名称はおもに角館北方の中川、神代、西明寺あたりのものであり、南部の「銭吹唄」が仙北の鉱山地帯に入ってきたものと説明している。中川あたりでは、次のような歌詞で歌われていたという。

〽姉コもさ　ヤーハエ　ほこらばほこれ　若いうち
さくら花　ヤーハエ　咲いての後は　誰おらば

現行の「姉コもさ」の歌詞が見えてくる。地図を見るとよくわかるが、この中川と五城目方面は山越えという難所はいくつかあるものの、案外位置的には近い関係にある。鉛や銅などを求めて渡り歩いたまぶき者の稼業を考えれば唄の伝播は十分考えられる。一つのルートを想定してみよう。中川から日三市《ひさいち》、荒川、船岡、岩見から仁別そして北の又から馬場目、五城目へのルートである。

『角館誌第7巻―民俗芸能、民謡、民俗工芸編』（昭和46角館町）の、〈けせん坂〉〈あねこもさ〉の項に次のような説明が載る。

「〈けせん坂〉は…（略）…荷駄に鉱石を積んで運んだことによって〝気仙坂〟が〝鋳

銭坂〟になり、ついで南部の鉱山から秋田のこの（仙北）地方や阿仁地方の鉱山、また鹿角の鉱山地帯に〝鉱山の唄〟として歌われ、それがいつかナオリなどの酒宴でもてはやされて座敷唄として〝あねこもさ〟になっていったのであろう。…」

思うに、ここにいう〝あねこもさ〟はやはり『秋田県史―民俗芸能―民謡』に述べる中川や神代、西明寺方面の曲調であろう。芸達者な人々の多いこれらの地域で藩政期に花開いていたとしてほぼ間違いなく、鉱山関係者との関連で広く伝承されてきたのである。

曲調は田口佐藤右衛門さんらが伝えてきた「いせんざか」「にしねやま」そのものである。現行の歌い方ではなく、「ひでこ節」の元唄「しゅんでこ（そんでこ）」に似たものであったと私は考えている。小玉暁村の記す歌詞に

〽姉こもさ　ヤアエ　今朝の朝草　どこで刈た　日ぼし長ねの　その下で
〽その下で　ヤアエ　くぞの若ぼえ　葉びろ草　馬につければ　ゆさゆさと

とある。これはまさに「しゅんでこ（そんでこ）」と同じ歌詞であるから面白い。

さて、ルートについてもう少し。ここでは阿仁地方や鹿角地方からの移入を想定

している。いわゆる大覚野峠越えや玉川経由のルートである。かつては鉱山地帯への大事な米の運搬路でもあった。数多くの流行唄《はやりうた》が運ばれた道でもある。
「この唄が鉱山の銭吹唄として入ったというより、茶屋などで派手に金づかいをするかれら（金堀りら）に囃し歌われ、流行したとみるほうが妥当で、角館周辺の〝あねこもさ〟は完全な座敷唄、宴席のお祝い唄となっている。…」（『角館誌第7巻―民俗芸能、民謡、民俗工芸編』）。この部分の説明は明治・大正期の角館の賑やかな一面を述べたのかも知れない。中世歌謡調を残す「あねこもさ」を覚え歌ったまぶきの者たちの中にも唄の味わいを理解するものがいたのであろう。

　菅江真澄が記した「あねこもさ」という盆踊りの唄と踊り。曲調は多分、中川や神代、西明寺方面のものとほぼ同じであったろう。踊りは「俄《にわか》」の流行なども考えれば、即興的で自由な振りでもあったろうか。実は「おばこ節」なども、もともと踊りはなく、その場その場の雰囲気で踊る人の気持ちで自由に振り付けられて踊っていたことが『羽陰温故誌』に載る。これと同じで、踊り手の自由奔放な振り付けで踊られていたのであろう。まさか腰を落として右足を前に出しフイゴを吹く仕草を入れた踊り方ではなかったであろう。あくまでも「いせんざか」ではなく「あねこもさ」らしい踊りなのである。

## 4 「袖子おどり」

次に、「袖子おどり」について考えてみる。この唄について「ひでこ節」とする見解を見たことがあるけれども、少なくとも昭和十年代に民謡歌手の太田永五郎や黒沢三一らがレコード吹き込みした曲調ではなく、田沢湖周辺に残っている元唄とも違ったものであろう。どちらかというと、鹿角地方に残っている「山子唄」や「そんでこ」に類する曲調に、米代川本支流各地で歌われていた「越後甚句」系の曲調が混じったものが盆踊り唄として流布していたのではないかと考えている。

昭和60年前後に秋田県内の民謡緊急調査が実施されたが、男鹿・南秋・山本地域で収録された盆踊り唄の中には、「越後甚句」調の「いやさか音頭」系の曲調を持つものが結構あり、「袖子おどり」とのつながりを想像させる。その特徴は唄の終わりにある。

〽よいど　よいどこぉーら　ソデーコェー

という囃子詞で歌うのである。踊り終わるとき少し足をけりあげ、つぎの動作に入りやすくする調子の歌い方もある。

曲調からは、やはり「ひでこ節」（旧節）というよりは「いやさか音頭」に入る青森の「岩崎盆踊り唄」などに類するものも感じさせる。

前述の「我村の落書」の中にも〈つきこしの唄〉（大根《でやご》漬け云々）として次のような歌詞が載る。

〽天上ナーエ
天上飛ぶ鳥　アリァやもめ鳥
ヨイデャ　ソライ　ソデコヤーエ
天上飛ぶ鳥　アリァやもめ鳥
おらもやもめで
身は知るよ　身は知る

ヨイデャ　ソライ　ソデコヤーエ　…（以下、略）…

真澄の記録した「袖子おどり」もおおよそこれと類似のものであったろう。この唄の終わりには、現行のもので

〽ダンダンダガヅグ　ダンヅグヅ　ダゴヅグダゴヅグ　ダンヅグヅ…

などと囃子の付くものもある。「ダダスコ」との関連を思わせる部分である。

青森県三戸郡の田子地方や七戸地方に「ソガエ節」という盆踊り唄がある。土地の人々は手拍子の感覚から「三つ甚句」ともいっている。この唄の終わりの囃子調が

〽ソーガェー

となり、ほぼ同じ曲調である。7777詞型の繰り返しで展開していくいたって古風で単調な歌い方である。

〽躍りおどらば　ヤーエー　ハァ品よく踊れ　サァショゲェー
品のよいのを　ヤーエー　ハァ嫁にもらうじゃ　サァショゲェー

だから、方言から「しょがえ節」ともいっている。

また、同じ青森の岩崎地方黒崎というところには「三つ甚句」に類する「さいこ節」が盆踊りで歌われる。これも田子地方などの「ソガエ節」同類と思う。実は、八郎潟西岸には「サエゴ踊り」が盆踊りで歌い踊られる。これは岩崎方面の「さいこ節」と同じものであろう。

さらに、南部の田野畑や岩泉方面にも似たような盆踊り唄が広く分布する。田野畑のものは

〽二つ甚句か　巫女足節《みこぶし》か　ハイハイド
七つ下がりの　ヨー　十二足　ハイハイド

と、歌う。7575型の繰り返しである。土地では「ナニャトヤレ」といっているが、これはどこか「越後甚句系」の「いやさか音頭」と似た曲調も持つ。

私は、この「袖子おどり」は「越後甚句」などとも結びついている古い形式のものなのではないかと想像している。

## 5 「ばらばらおどり」と「ちらしおどり」

なかなか解釈上難解なのが「ばらばらおどり」と「ちらしおどり」である。小寺融吉著『盆踊の研究』（昭和16 桃蹊書房）の〈おどりの振〉の項に

「…ニワカが流行してから輪おどりは衰えて、今日の（徳島）のゾメキ踊に変わったといふ。時は天保の初年（1830）である。

ニワカは京坂の夏まつりに盛んに行われたもので、流すのが本来で、走り俄とも云ふのが根本である。肥前の唐津では仮装した男女が町を唄ひつ踊りつ歩き、これを盆やつしといふ。盆の仮装の意味である。…」

「…徳島のゾメキ踊は一定の型がなく、めいめいが急調の三味線に合わせて勝手気まゝに手を動かし足を動かすのみといふ。これは思うにニワカの影響を受けて各人が自由に仮装をした為に、一定の動作を作ることが出来なかったからであろう。…」

とある。

また、服部龍太郎著『民謡のふるさと—明治の唄を尋ねて』（昭和42 朝日新聞社）

の〈東北地方の盆踊〉の項で、明治維新前の米沢盆踊の図を紹介しているが、実に様々な仮装が載る。そして、盆踊りを若い男女はどう迎えていたのか。

「…また奉公人にかぎらず、若い男女は、踊を見にいくという口実で家を出るには出るが、途中で古着屋、損料貸し屋、もしくは友人の家などによって変装することをよくやる。…（略）…人目を避けるために仮面をかぶったり、眼かずらで顔をかくすぐらいのことはざらにあった。…」

これはたまたま筆者が米沢を取材して知り得た内容であるが、このほかに面白いと思ったのは、見せる盆踊りが米沢では明治30年代に遊郭で始まったということであった。この姿は秋田の地でも同時代にはあり得ることを示唆してくれる。大きな谷口集落でもあり古くから市のたってきた五城目。ここでも十分あり得た光景であろう。しかし、真澄が記した五城目の盆踊りの時代には若者達による仮装という振りを伴った踊りはあっても、見せる盆踊りは少なくともまだ一般的ではなかったであろう。

さて、この「ばらばらおどり」であるが、前述の小寺融吉の説明にある〈ゾメキ踊〉

の流行、即ち今日の阿波の盆踊りの風俗と比較してみると、藩政期に流行したとされる〈俄踊り〉の芸態が全国的に流行していたことを想像させる。もちろん、ここ五城目周辺にも入ったことであろう。おもしろおかしく狂言風に仕立てて笑いを誘う踊りがかつては「角間川盆踊り」にもあったという。多分、盆踊り自体が人々の娯楽の場であった時代を反映しての所作、それが「ばらばらおどり」だったのだろう。「ばらばら」とは「めいめい…勝手気まゝに手や足を動かして踊る」姿を示したことばであろう。しかも「めいめいが自由に仮装した姿」も数多く見られた。そういうことが暗黙の中で許された盆中の様子をこの踊りは示してくれる。

「ちらしおどり」の「ちらし」が気になった。「散」ではないだろうか。歌謡『松の葉』の雲井らうさい、いわゆる「弄斎節」という江戸小唄の流行唄の中に「チラシ我ふりすてて一声ばかり、いづくへゆくぞ山ほととぎす」とある。18世紀初めの頃の歌謡である。また、歌舞伎「貞操花鳥羽恋塚三立」（文化6．1809）に、「これより四人の所作、いろいろ振り事あって、手踊りチラシまであって、めでたけれと納まる」とある。真澄が『ひなのあそび』をあらわしていた時代とほぼ重なる。

こういう流行のおどりが各地に広まっていき、五城目の地にもそれを伝えた芸人達がいたのであろう。彼らから教わったか、あるいは彼らが踊った振りが盆踊りに登場していた。「ばらばら」の自由気ままな踊り振り、「ちらし」の艶なかぶりをふと想像してみた。

いずれこの二つの踊りから、江戸の風流が入っていた姿を想像させる。

## 6 「三脚」と「打小身」

「三脚」、「打小身」。これもよく分からない踊りの振りである。「三脚」をみあしと読ませている。これをみちあしと読ませる踊り唄を残しているのが旧二ツ井町中心部から南方の田代地域。ここから旧琴丘町上岩川をとおり鹿渡方面に通ずる道があり、五城目方面と通ずる。田代にはまた、「ねこじゃ」と呼ぶ盆踊り唄もあった。「ねこじゃねこじゃ」という流行唄については、享和から文政年間に流行したことを記す『巷街贅説《こうがいぜいせつ》』(文政12・1829)や『小唄のちまた』(文政11・1828)がある。今の千葉県佐原囃子にも残っており、こういう江戸の流行唄が東北各地にも伝播し、五城目周辺にも入っていたのであろう。

さて、この「三脚」であるが、〈みつあし〉〈みちあし〉とするならば、これは民謡でいう「三拍子」のことになる。盆通りの足の運びの一つで、三つ踏む足拍子で拍子をとりながら歌うのである。前述したように、南部地方に残る手の打ち方の「三つ甚句」即ち「ナニャドヤレ」とも関連してくる。

次に、「打小身」。〈うちこみ〉と読ませている。これをどう表記するか。もし「打込」と同義だとするならば、文楽の下座囃子にある激しくたたみ込んで打ち囃すリズムのものになるという。能楽ならば、囃子の手くばりの一つで、曲の中間で、それまで続けてきた囃子に一段落を付けるものであり、主に大鼓、小鼓だけで演奏されるという。

もし〈うちごみ〉と読むならば、戦の合戦や行進の所作をまねた勇壮な踊りにでもなろうか。

この「打小身」は、囃子のみのもので特に踊りは付かなかったのだろうか。真澄の説明で「…其躍に品あり、…」とあるので、やはり躍りの振りだったのだろうか。もっと生活に結び付きを持ったものだったのだろうか。今少し考察をしてみたい。

## 7 「さんかつ」

「さんかつ」は「三勝」とも記される。この踊りは、八郎潟を囲むようにして周辺一帯で現在も踊られる。前掲『秋田の民謡・芸能・文芸…』のP152によれば、「南秋田郡八郎潟町一日市のはデンデンヅク、キタサカ、三勝の三曲が基本。うち三勝は本調子のサンカツでなく、落語『高田馬場』などの下座音楽に用いられる二上がりの出バヤシである。」

とある。また、『ひなのあそび』でも、

「…さんかつは、さうがもあらず。ただはやしのみして踊りぬ。…」

と記す。〈さうが〉【注】は歌詞を意味することばで「唱歌」と注釈される。「さんかつ」以外の踊りは、大方踊り手も歌いながら踊ったものだろうか。「さんかつ」は、今は歌詞を伴い踊られているが、真澄の時代は囃子のみにて踊られていた。

そういえば、今日の西馬音内盆踊りや角間川盆踊り、毛馬内盆踊りなどは踊り手は歌わない。なにかしら共通の歴史的趣を感じている。

## 8　今日の形ができる流れを想像する

五城目で見聞した盆踊り、それは、菅江真澄が記している順に踊り囃されていたのかも知れない。当時流行していた「いせんざか」の曲調を持つ酒宴の唄ッコ「あねこもさ」の踊りに始まり、広く日本海側各地に分布する「いやさか音頭」に似た曲調の単純な振りの入った「袖子おどり」で盛り上がる。さらに、俄踊りともいえる「ばらばらおどり」でめいめいが勝手気ままに手足を動かして踊りの輪も広がる。あるいは、仮装なども出たものかどうか。老若男女の踊りの盛り上がりの中で踊り掛けも始まったであろう。

「ちらしおどり」や「三脚」「打小身」により踊り上手の出番ともなる。さらにまた、近在からの踊り手達により掛け踊りが続けられる。いよいよ踊り場は盛り上がる。「俄踊りを掛けられた　足がそろはねで　ごめんなれ」「唄の地を聞げふし聞げでゃ　ふしぁそろはねでゃ　ごめんなれ」と歌い囃されたのである。そして最後は、「三勝」で囃子ばかりでお互い踊り明かす。夜の更けるまで人々は盆の行くのを惜しみながら踊り続けたのである。

盆踊り、それは人々の新しい出会いの場でもあったし、他村の人々の気風を知る場ともなっていた。人々の交流は生き生きとした血の通ったものであったろう。

今ひとつ、私は『一日市盆踊り調査報告書』（平成17　八郎潟町教育委員会）などの資料から別添〈盆踊り唄の分布図〉を作成してみた。その中に「キタサカ（イヤサカ）」というのがある。これは恐らく主に明治以降から秋田の地方に入って流行った「越後甚句」系の唄であろう。秋田市周辺の「ドンドコドッコ」などもこれに入る。一般には「秋田盆唄」と呼んでいる。津軽も含め、山形の各地にも伝播し、盆踊り唄の代表的曲調となっていった。こういう勢いの中で、いつしか「あねこもさ」「ばらばらおどり」「ちらしおどり」「三脚」「打小身」などが、あるいは消え、あるいはわずかに残存する状況になったのではないだろうか。

そんな中で、印象深い囃子曲「三勝」には歌詞もつくように変化して曲調が残ったし、「ダダスコ」などのリズムとも関連する「袖子おどり」の曲調も印象深いものとして残っていったのではないだろうか。今日の基本となる盆踊り唄は「ダダスコ」「キタサカ（イヤサカ）」「三勝」である。

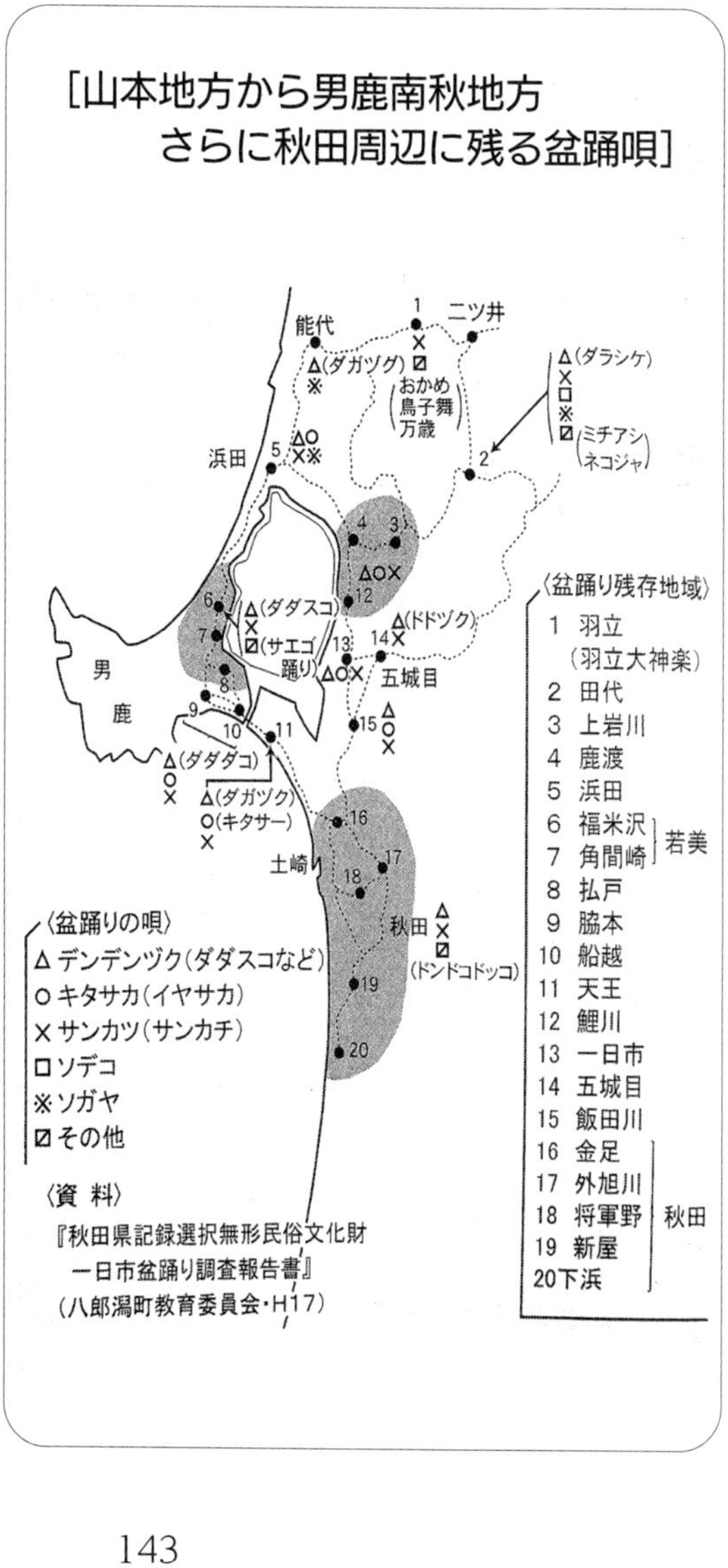

| 1 | 羽立（羽立大神楽） | |
| 2 | 田代 | |
| 3 | 上岩川 | |
| 4 | 鹿渡 | |
| 5 | 浜田 | |
| 6 | 福米沢 | 若美 |
| 7 | 角間崎 | |
| 8 | 払戸 | |
| 9 | 脇本 | |
| 10 | 船越 | |
| 11 | 天王 | |
| 12 | 鯉川 | |
| 13 | 一日市 | |
| 14 | 五城目 | |
| 15 | 飯田川 | |
| 16 | 金足 | |
| 17 | 外旭川 | |
| 18 | 将軍野 | 秋田 |
| 19 | 新屋 | |
| 20 | 下浜 | |

【注】〈さうか〉の用例について、
菅江真澄の『ひなのひとふし』中の「おなじ郡(胆沢の郡)、西根山ぶり、いはいうた」に、祝いの席で酒振るまいなどがあるとき、小歌舞が舞われるが、その折りに
「〽酒はもろはく　おさくはお玉、　おさかなには西根の池の鯉鮒
さしたきかたは　あまたなり、　さしたきかたは　唯ひとり。…」
と、「歌をさうかする」とある。
「盃をもて人にさすとき、しか唄ふふり、ことにふりたり。」
ともある。
これらを見てみると、奥羽の地では、真澄の時代にごくふつうに酒宴の席で中世の風流「小歌舞」が舞われ、酒の振る舞いが行われていたことがわかる。多分この酒宴歌の曲調もひなびた中世調で、
〽さけは　もーろーはぁく　おーさくは　おーぉたま、
〽おさかなぁーに　は・にーしねー　の・こぉーいふなぁー
〽さしたきかぁーたは　あーまたなぁーり

〽さしたきかぁーたは　たーだぁひぃとぉーり

といった間の調子で歌ったのではないだろうか。曲調は「にしねやま」であろう。〈さうか〉は、一つの動作について歌われる唄であったことがこのことからも知れようか。

## 9　〈打小身〉について（追考）

### (1)　〈打小身〉は田植え作業と関連の所作か？

菅江真澄が文化6年（1809）に記した『ひなのあそび』の中に五城目で見た盆踊りを記録しているが、その一つに〈打小身〉があった。

この〈打小身〉を〈打ち込み〉と表してみることで、旧南部領から旧伊達領に広く残存、伝承されている〈田植踊り〉との関連を考えることができそうである。

稲作における基本的な農作業は、春の耕起と播種にはじまり、苗代での苗づくり、そして田ならしと田植え、夏のつらい田の草取り、虫追い、秋の稲の刈り取り、乾燥、刈り入れ、最後は米づくり（こめこしゃ）〈或いは保存のための蔵入れ〉と殆ど休みなく続く。このうち、耕起と田ならし、田植えは〈お田の神〉と共に行う最大の作業であった。耕起や田ならしは〈打ち込み〉ともいったし、田植えは〈さなえ打ち〉といった。

こうした農作業が春正月の予祝行事〈田植え踊〉に凝縮されて歌い踊られている。〈田遊び〉という神事的な行事から、農民が楽しむ〈風流《ふりゅう》〉へと変化し、今日でも岩手から宮城、福島、山形などの各地で農民の娯楽芸能として伝承されている。

## (2) 昭和17年に記録された〈田植え踊〉の演目としての〈打ち込み〉の踊り

「東北民謡研究の父」とも称される遠野出身の武田忠一郎が著した『東北民謡第一篇・岩手県の巻』（昭和17年）に、いくつかの〈田植え踊〉を解説している。

遠野の市街から南方の山間を入っていくと来内という集落が見えてくる。武田はここの庭田植えとして行われてきた田植え踊りを記録した。〈来内の田植踊〉という。その踊りの内、〈打ち込み〉と表現できるものを記してみる。

「三、庭打込み　七拍子の曲にて踊りつゝ庭に入る

十七、たうなへ打ち　鍬頭彌十郎の人足たう三郎がたうなへ打ちの口上

十八、田植　一同「松前節」にて打ち込み踊をする。太夫笛太鼓にて歌入

次の五種の踊りを一同にて踊る。この唄を総称して胴唄といふ。

「お正月節、朝はか節、昼食節、鎌倉節、夕ごもり節」

最後に呑兵衛（野平《のんべい》）九郎と早助《はやすけ》と滑稽を演ずる。

二十七、新倉打ち　一同「新倉打ち」の唄に合せて踊る」

などがこれに当たろう。これは、当時武田が「来内田植略記」で田植踊りの由来や習俗を学び実見したもので、この集落の菊池壽太、小向徳右衛門などが指導、復活に熱意を示していた庭田植えであったことにもふれている。

また、座敷田植えとして踊られる〈花巻温泉田植踊〉についても記録している。

これにも〈春田打〉（耕起のこと）や〈苗取前の田打〉（代掻きのこと）といった作

業を模した踊りが登場する。いわゆる〈打ち込み〉の作業のそれである。

遠野や花巻温泉の田植踊りについては、雫石出身の郷土史家・田中喜多美《たなかきたみ》も武田が記した部分を引用する形で『岩手県史　第11巻民俗』（昭和40年）の中でも取り上げている。

花巻のものは「花巻湯本の田植踊り」と表し、簡略に演目のみを紹介している。

## ⑶ もう一つの紫波地域や遠野地域の田植踊りの事例

大正15年、岩手県教育会紫波郡部会が編集発行した『紫波郡誌』。この「誤（娯の誤記か）楽民謡」の項に、煙山村の田植踊りが紹介されている。煙山村は盛岡市街の南方、矢巾から西方の山麓に位置する田園地帯である。

ここには「煙山村に残る文久二年書留めの踊りの仕草」として、かい田打（掻田打）で唄われる歌謡が載る。

「今年はサァ　今年は世中だてァ　はへくれァ　さのさ

弥勒の世中だてァ　はへくれァ　さのさ
八重穂はさへたとて　七穂で八升取《はっしょとり》
八穂で九の升《ここのます》　はへくれァ　さのさ」

と歌っていたらしい。〈かい田打〉なので田を打ちならす仕草である。曲調はあくまでも想像ではあるが、〈はへくれァ　さのさ〉という囃し詞から考えて幕末から明治中期にかけて流行した小唄〈さのさ〉調のものであろう。文久2年は1862年にあたる。

『岩手県の民俗芸能─緊急調査報告書』（平成9年　岩手県教委）ではまた、県内のいくつかの田植え踊りについてその由来や踊りの名称、構成などを解説しているが、遠野の来内から東方に位置する上郷地域にある〈暮坪《くれつぼ》田植踊〉も紹介している。この踊りの一連の構成は来内のものとほぼ同じである。

庭先への〈入り込み〉の所作や〈掻田打ち〉、「松前節」を歌いながら回るうちに早乙女《しょとめ》が入る田植えの所作などをこの中に見ることができる。〈入り込み〉はいわゆる〈打ち込み踊り〉を表す。「松前節」を歌いながら入る田植えはこれも〈打ち込み踊り〉に属するものである。

### (4) 幕末から明治期の流行唄「松前節」「騒ぎ甚句」などが田植踊りに歌われた

ところで、三陸沿岸地方に近い遠野地域の田植え踊りの曲節として「松前節」が歌われていることから考えれば、漁師達が歌う櫓漕ぎ唄から転用、変化した曲調を想像できる。このことは、例えば、石巻方面の〈銭吹き唄〉が旧伊達領一体に流入伝播し〈麦搗き唄〉や〈麦打ち唄〉へと変化していく過程によく似ているのである。「松前節」はかつて広く越後新潟方面で酒盛りの席で歌われていた追分節が土台になって流行していたもので、やがて芸人や船乗り稼業の人々によって北海道へと運ばれていったものと言われている。いわゆる渡島半島の「松前追分」などの追分節を形成していく素地になる俗謡であった。

遠野地方のものはこれとはやや趣は異なっていて前述したように西国地方の流行唄であった「エンヤラヤ」調の囃子の入った櫓漕ぎ唄から転用されたものであろう。

「木遣り」の曲調も混じり味付けされたともいわれるほど変化していったようだ。これが、予祝行事としての田植踊りの中に取り入れられ〈打ち込み踊り〉の曲調になったのであろう。

一方、内陸の紫波や花巻の田植踊りで歌われる〈打ち込み〉の曲調は旧南部領各地で盛んに歌われた「騒ぎ甚句」や「世中節」「さのさ」といった江戸の流行唄、あるいは岩手県中北部各地の畑打ち作業などに歌われた「ニャギャドヤラ」（ナニャトヤラはこれをやや現代調にした流行唄である）などの転用が一般的なようである。

## ⑸ 田植踊りの唄は盆踊りでも歌われた

これらの唄は単に正月の〈田植踊り〉の時や実際の田植えなどの農作業の時だけでなく盆踊りの時にも人々は歌う。多分、その名も〈打ち込み〉とか〈打ち込み踊り〉として歌い踊ったのであろう。

菅江真澄は農民の生活、習俗に大変関心を持った人だったことは「ひなのひとふし」や「ひなのあそび」だけでなく、豊かな常民の生活ぶりを活写した多くの紀行文を残していることで知ることができる。

その彼が五城目の盆踊りで見た〈打小身〉は田植踊りの中にある〈打ち込み踊り〉や〈掻田打ち〉などの踊りの類ではなかったろうか。

〈打小身〉＝〈打ち込み〉となるのでないか──私は、こうも考えている。

# 第三章　私の「小玉暁村」研究―「秋田民謡研究の父」の姿にせまる

## 1　二人の民謡研究家―武田忠一郎と小玉暁村

### (1)『東北の民謡、第一篇　岩手県の巻』と『秋田郷土芸術』

武田忠一郎を東北民謡の集成に関して考えるならば、昭和17年6月、NHKからの協力を得て刊行した『東北の民謡、第一篇　岩手県の巻』がその最初といえる。ただ、それに先行して、昭和7年5月『岩手民謡集』を出版し、南部領の田植え唄や盆踊り唄など二十数曲を紹介している。20代から本格的にはじめていた民謡研究の最初の成果・発表でもあった。

〈武田忠一郎は1892年（明治25年）生なので、この時39歳、岩手中学校や盛岡女子技芸学校で教師をしていた。〉

しかも、武田が民謡研究家として注目を浴び、その業績を大きくしていくのは昭和12年の「外山節」の編曲、そして同年、町田佳聲や藤田徳太郎などの訪問を受け「沢内甚句」「外山節」「からめ節」「ドドサイ節」「南部牛追唄」などを紹介してからであろう。

この頃秋田では既に『秋田郷土芸術』は刊行、流布されており、小玉暁村は秋田を代表する民謡研究家として活躍していた。

〈『秋田郷土芸術』刊行のための調査研究は、公的には昭和8年9月から11月にかけてで、12月以降は刊行に向けた編集が行われ、昭和9年（1934）4月刊行となった。しかし、実際には編集・執筆にあたった小玉暁村の積年の研究成果と早い段階での県内小学校や各地からの資料収集・整理が行われており、その内容が多く盛られることになった。〉

実は、この昭和12年3月、武田に先行して、小玉暁村は西宮徳水、黒沢三一などとともに町田佳聲を訪問し、「岡本（岡本っこ）」「にかた節」「院内節」「長者の山」などを紹介している。

町田は暁村、忠一郎という二人の東北民謡の研究者に大変注目していたのである。

昭和16年5月13日から20日にかけて、NHK仙台放送局が企画して「東北民謡試聴の旅」が実施され、東北各県の民謡が紹介されることになるが、この時の試聴団の一員に武田が加わっており、秋田で暁村と会うことにもなる。

この旅がきっかけになって、翌年6月、前述の『東北の民謡、第一篇　岩手県の巻』が刊行された。数多くの岩手の民謡が紹介され、解説される内容を注意深く見ていくと、数カ所に暁村からの報告、あるいは暁村の研究の成果の引用が見て取れる。

〈南部荷方節と「なかおくに節」〉の項で、

「荷方」がその三種からなることを述べているが、これは明らかに暁村の『秋田郷土芸術』中の〈荷方節〉の説明（pp・58-59）より引用したものである。

〈鋳銭坂其他〉の項で、秋田県の「あねこもさ」の説明には、一部暁村からの報告や研究を引用していること。「仙北地方の鉱山とまぶきの者達にうたはれたものとして」という説明などは、それを示しているといえる。

〈そんでこ節〉の項で、次のように説明する。

「又、秋田県仙北地方に「ひでこ節」がある。私はこれを大変よい唄だと思ってゐるが、小玉暁村さんによれば（・は、筆者）之は早苗振に村の若い男女が沢辺に塩出草を摘む時うたふものであると、之も歌詞からいへば「山唄」と同様である。…」とある。

秋田の仙北地方と南部地方との民謡を通しての交流の一端を見ると同時に、暁村からの報告や研究著書の引用などから見て、彼を通して秋田民謡への理解を示そうとしていた武田の姿勢を伺うこともできそうである。

## ⑵　武田忠一郎が語る〈小玉暁村氏のこと〉

小玉暁村は昭和17年（1942）4月他界したが、武田忠一郎は昭和32年（1957）4月刊行の『東北民謡集―秋田県』（日本放送出版協会）の解説編で〈小玉暁村氏のこと〉と題して、一項を設けている。その中で、暁村をどう評価していたか理解できる。

「小玉暁村氏は秋田民謡の育ての親として並べらるべき人」として、宮城民謡の後藤桃水、津軽民謡の成田雲竹と同列においているのでる。

「(佐藤貞子が舞台芸人として業績あった人だが) 仙北民謡を掘り出して世に紹介し、今日あらしめた人は小玉氏であった」

「流石に民謡の位置を高めたのは小玉氏の力である」

と評価を忘れない。

「私 (武田) は小玉氏と親交を結ぶようになったのは、大正七年以来で同氏は仙北歌謡団を組織した頃だったと思う。」

〈大正七年は多分昭和七年の誤記かと思う。また、仙北歌謡団は仙北歌踊団の誤りである。〉

「校長先生自らの司会、演出でやったものだ」

「小玉さんの太鼓を打ち、呼子の笛を吹く俤《おもかげ》が今でもはっきり見えるようだ」

「謹直、熱烈、生命を賭けて民謡を愛した人である」

暁村の人となりが、武田のこの表現を通して実感できる。武田は暁村と親交を深めるごとに、彼を忘れられない存在と認識していったのであろう。

「小玉氏と私とで掘り出した唄の数々が、今全国的にうたわれる盛況になったが、氏が生存ならどんなに喜ぶか知れない」

「亡くなられる二ヶ月前の即ち二月二十八日には、私達は東京産組講堂に大日本民謡協会発会式をしたので、小玉さんの仙北歌謡（踊）団も実演に参加した」

「小玉さんは秋田民謡の育ての親というだけではたりない。日本に民謡というものを今日の高さに引張って来た功績は大したものである。」

ここには暁村の手腕の一端が表現されている。何よりも、仙北民謡を秋田民謡として世に出した功績は大きいといえる。

武田と小玉という二人の民謡研究家の出会いと交流はわずか10年ほどである。しかし、後の東北の民謡研究を考えるならば極めて意義ある交流であった。

## (3) 小玉暁村～民謡への想いに生きた人～

『東北民謡集―秋田県』を見ていくと、今は歌う人もいなくなった、あるいは少なくなった数々の民謡を、暁村が唄い手となって登場してくる。これはなかなかに面白い資料なので、次に唄を名記しておきたい。

①おめでたい（どんどめく）
②喜代節（ざっくら節）
③土蔵塗り唄（しない打ち唄）または（屋根たたき唄）
④玉ぬき唄（石刀節の一種）
⑤姉コもさ（たたら唄）
⑥ナーヨ節～暁村が戸澤竹三（竹蔵）と一緒に歌ったらしい

武田忠一郎の追悼文からして、小玉暁村の人柄が偲ばれる。民謡のこととなると本当に一生懸命がんばる人であった。〈太鼓を打ち、呼子の笛を吹く〉暁村。単なる「秋田民謡育ての親」ではなかった。

そこにはむしろ、もう一つの顔があったともいえる。「秋田民謡の歌い手と踊り手を育てる人」と。ふと、黒沢三一と飾山囃子で踊る可愛い少女達の姿が見えてくる。

昭和 16 年9月 16 日、当時の由利郡下浜村羽川の八幡神社祭典で出演の仙北歌踊団と地元の方々との記念写真である。

県内各地から出演要望も多かった。一行には唄い手としての黒沢三一の存在はかかせなかった。

最後列の左中央が黒沢三一、その左隣が小玉暁村。

この頃は武田忠一郎が秋田民謡の採譜に尽力していた頃で暁村も協力をおしまなかった。暁村は翌 17 年4月亡くなっている。

『秋田民謡を広めた名唱　黒沢三一の唄と人生』（大仙市教育委員会、平成 18 年）に掲載された写真から

## 2　小玉暁村を訪問した本田安次～その記録が語るもの～

### (1)　小玉暁村訪問を示す資料

昭和9年10月、11月の2回にわたり紹介された「裏日本の旅」(上)(下)という旅行記。『旅と伝説』第7巻10月、11月号に載る。

本田安次は、戦前から民俗芸能の研究で著名な人物。文化庁が監修した『日本民俗芸能事典』は昭和51年刊行された大著。この指導に当たったのが当時早稲田大学教授であった本田安次である。全国に分布する様々な民俗芸能の内容を知る上ではきわめて大切な資料になっている。〈勿論本書は、同氏の著書『日本の民俗芸能・全5巻』(木耳社、1966～73)もベースになっているが。〉

その本田が神楽の研究取材のため山形県黒川村から横手方面へ旅行、保呂羽山霜月神楽についても精力的に調査した内容を載せたのが「裏日本の旅」であった。その調査の途中、仙北地方も訪問、小玉暁村の存在を旅中に聞いて訪問することになったのである。

### (2) 暁村訪問は、昭和8年8月19日

本田安次が中川村の暁村宅などを訪問したのは、昭和8年8月19日のことであった。その記録の断片を追ってみよう。

「…（生保内の）児玉旅館といふのに泊る。…（略）…聞けば旧盆十五・六の両日が八幡神社の祭りで、所々に舞台を設け、娘達の踊りがあるといふ。此の時生保内甚句踊りや仙北おばこ其他が踊られる。…」

ここに記された「生保内甚句踊り」はおそらく「さいさい」であろう。娘達が舞台で踊る姿からそう理解できる。仙北各地ではどこでもこういう形で踊られていたことは、暁村の「郷土芸術往来―仙北の歌謡―」にある盆踊りに関する記述からも知ることができる。

「…西明寺村門屋に聞こえた神楽がある由聞いて来たのであったが、同じ村になる乗合の青年に聞けば、少くとも今はなく、あった話も聞かないといふ。但し番楽はもとあったらしい。小玉暁村といふ方が以前小学校の校長をされ、この方面のことは総て精しく調べられた筈で、今中川村に居られるから訪ねてみよといふ。そこでお訪ねしてみようといふ気になる。…」

本田は秋田に残存する神楽や番楽の存在にかなり関心を持っていたことが知られる。まさに資料収集、確認作業の旅であった。暁村訪問も番楽の存在の確認が目的であった。

暁村はこの年の4月に秋田魁新報に「郷土芸術―番楽の研究」を6回にわたり連載していた。

「…翌朝（8月19日）中川村へ。小玉暁村氏宅を訪れる。生憎お留守であった。何かの願上げの額を依頼され、田中のお稲荷さんに参られたといふ。先の日の大会の精しいプログラムをお家より頂戴する。…」

田中は桧木内川を渡った対岸の集落で、暁村はこの時、神社へ奉納の額の筆書を依頼されていたようだ。書家としても著名であった。

ここに記されたプログラムとは、8月15日に開催された仙北郷土芸術大会のものである。仙北歌踊団が主催した大会であった。

「どうもこのまま戻るのも残念に思ってゐると、何なら神社まで御案内致しませう、途中渡しを越えねばならぬ所があるがと、小玉氏にはお孫さんに当るお嬢さんに案内させて下さる。白地の浴衣に三尺帯、お下げ、髪長く、白い前垂を掛け畳付の下駄をはく。角館高女の四年生。道々聞けば昨夜もお宅に近所の娘達が集り遅くまで踊りの稽古をしたといふ。「家の者は誰も踊れないが、おぢいさんが好きなものだから。」通りを折れ、川添の小路を泝っていく。ここらあたり山川のたたずまひに変化あり、景色が晴々と美しかった。…」

ここに出てくる「お孫さんに当るお嬢さん」であるが、暁村の曾孫に当たる久視氏ご夫妻におうかがいしたところ、暁村の四女に当たる鏡子さん（大曲の有坂家へ嫁ぐ）の娘の節子さんではないかとのことであった。本田が訪問したとき多分実家に帰省していたのであろう。節子さんは当時16歳とのこと。久視氏の母の絢子さんは当時13歳で秋田市の愛国女学館（現・秋田和洋女子高校）の生徒でこの方には会っていないことになる。

それにしても、本田はこの娘さんをよく観察している。優れた観察眼を持った研究者であったことも知れよう。また、暁村の郷土芸能への愛着が近所の娘達を集めての稽古の姿にも見て取れる。教育者として信頼の篤かった一面ものぞかせるエピソードである。

## (3) 暁村との出会いと学び得たことなど

「小玉氏は涼風通ふ社の拝殿にござを敷いて何やら書物をされてゐたが、お目にかゝって番楽のことを色々伺ふ。氏が資料を集めて居られるのは、番楽はその一部で、さゝら、かぐら、民謡等、郷土的な総てのものに就てゞあった。校長をされてゐた頃、秋田県各地の小学校に問い合わせを出す便宜を持って居られた。又、県教育課に報告になったものも今全部手許に来てゐるといふ。近く「秋田郷土芸術」が氏の編纂によって県から出版になる筈である。…」

田中のお稲荷さんで暁村にあった本田安次。初対面同士の郷土芸能研究者。この時暁村が語ったのは『秋田郷土芸術』発刊のこと。暁村が県内の郷土娯楽調査を実施するのが9月から約100日間であったと、自身が述べているが、県への報告資料が手許にあったというから、この調査は既に始まっていたのであろう。暁村も秋田郷土芸術研究会、そしてその後の秋田郷土芸術協会とのつながりや教員退職後の活動等々から、県内各地にネットワークは持っていたと考えられる。

例えば、昭和2年12月秋田郷土芸術研究会が創設され、県は民謡大会や講習会の開催を推進していくが、翌3年11月に、その結成大会が県記念会館で行われた。この時中川村の佐藤ツルヱ他の「秋田おばこ節」、太田永五郎の「秀子節」が紹介されている。これらの活動に暁村は関わっていた。当時、神代の岡崎小学校の校長であった暁村は秋田を代表する郷土芸能分野の研究者として著名であったといえよう。

「(8月19日の)三時半再び小玉氏宅を訪れると、小さな娘達が又集って踊りの稽古をしてゐた。一人が歌ひ、それに合せて踊る。日曜毎にかうして集って稽古をするのであるが、此頃は夏休みで毎日のやうにやってくるといふ。例のきまりきまりのきびきびした、それでゐて線のやはらかな踊である。この踊の根底には歌舞伎の仕草の印象が多分にあると私は考へてゐる。」

飾山囃子で踊る曲の数々を練習中であったことが知れるが、本田の鋭い観察力には感心する。昭和5年4月、第5回全国郷土舞踊民謡大会に飾山囃子が出演し、好評を博したことは本田も知っていたと思うが、この時に暁村との出会いはなかったのだろう。本田が見た〈歌舞伎の仕草の印象〉という言葉が飾山囃子の性格を知る上で参考にもなろう。

「多くの資料を（小玉氏宅で）見せて頂く。番楽の精しいテキストも二、三種（雲澤村西長野と豊川村八幡林のもの、及荒瀬村根子のもの〻一部分）あった。飾山囃子に関する色々の話も出た。夕方近くまでお邪魔し、さてお別れして立つ。」

前述した「郷土芸術・番楽の研究」では、〈ばんがく〉の意味に始まり〈根子ばんがく〉に関する荒瀬小学校の報告、西長野の番楽との比較、菅江真澄が書き残した記録についての考証など、実に詳しく紹介している。

本田はそういう資料を収集して帰路についたのであろう。彼は後年「奥羽の歌謡」を『旅と伝説』誌に連載するが、秋田郷土芸術協会発行の『秋田郷土芸術』から多くの歌詞、内容を引用しその特徴を述べることになる。あるいは、本田はこの著書を暁村より送ってもらうことを約束して帰路についていたのかも知れない。彼にとって、暁村との出会いはまた、秋田の民俗芸能をより幅広く、そして正しく知る、またとない機会になったといえよう。

## (4) 「小玉暁村」顕彰の意味

昭和8年8月19日。本田安次が小玉暁村の人となりをかなり知り得た日。

『秋田郷土芸術』は実質的に小玉暁村が執筆した著書であるが、これがその後、秋田の郷土芸能としての民謡や民俗芸能を知る唯一のまとまった資料となっていく。勿論、本田も自身の著作に引用した。昭和9年発刊された武田忠一郎監修の『東北の民謡』（仙台中央放送局）でも参考にされたものと思う。当時、武田は仙台の後藤桃水や弘前の成田雲竹と共に東北を代表する民謡研究家であった。

しかし、暁村そして『秋田郷土芸術』は、多くの人々に知ってもらう機会に恵まれず、時の経過と共に忘れられていったのも事実ではないだろうか。

深く郷土の芸能を愛した文化人・小玉暁村…幅広く郷土研究を手がけたこの偉人を顕彰することは私たちにとって決して無駄なことではないと考える。

○

仙北市（旧田沢湖町）

## 田中のお稲荷さん

2012. 8. 17 撮影

昭和8年8月19日、当時宮城県立石巻中学校に勤務していた本田安次は田中の稲荷神社に小玉暁村を訪ねた。

国道から少し西に入り、桧木内川左岸に展開しているのが田中集落である。

田圃の中に境内を持った結構立派な神社がある。

暁村は田中集落の人々に何か書き物を依頼されて、この神社で過ごしていたと、本田安次は言う。

## 3　小玉暁村と町田嘉章—その出会いと交流

### (1)　町田嘉章と「田沢湖周辺の民謡」

角館の郷土史研究家で民謡の研究にも造詣の深かった冨木友治さん。私自身は文化関係か何かの関係で昭和40年代に一度だけお会いしているが、その穏やかな表情には印象深いものを覚えている。彼が編纂した著書に『田沢湖』というのがある。この中に、町田嘉章が書いた「田沢湖周辺の民謡」という一文が収載されている。昭和18年にあらわされたものである。

町田はこの中で、昭和10年頃初めて耳にした仙北俚謡についての印象、そして当時民謡の解説をしていた小玉暁村に強い関心を示したことを記している。

## (2) 小玉暁村の町田宅訪問と「岡本コ」などの録音

昭和12年以降、当時「写音機」と呼ばれた重い録音機を抱えて全国各地の民謡採集旅行を始めた町田嘉章。彼は「お国弁まるだしの話振り」で仙北民謡の解説をした小玉暁村の人となりに感動し親しく交わる一人となった。

町田によれば、二人のはじめての出会いは、暁村が昭和12年3月26日に黒沢三一と西宮徳末をつれて私宅を訪ねた時だと言う。町田は「この時から親しく小玉さんとも昵懇となった」と記す。

暁村達が訪れた目的は生保内の「岡本コ」の録音であったというが、この時一緒に「にかた節」「院内節」「三吉節」「喜代節」「長者の山」「お山コ」「仙北おけさ」「かまやせの」と仙北民謡を中心に録音したというから、その意欲のほどが知れよう。その時仙北民謡の話や三一の唄、徳末の三味線で大いに盛り上がったことだろう。

実はある面で、町田の友人で「岡本新内」の研究家である藤根道雄からの町田への依頼が暁村との交流のきっかけともなっていた。その間のやりとりが「田沢湖周辺の民謡」に詳しい。

田沢湖周辺で歌われている「岡本コ」の録音を頼まれた町田が暁村達を東京の自宅へ呼ぶことになったのである。そして、思わぬ副産物まで生むことになった。前述の数多くの仙北民謡の録音と歌い手、黒沢三一との出会いである。このことで、町田の民謡研究もかなり進んだことであろう。

## (3) 町田の秋田訪問と「田植唄」の採集

その後町田は、昭和15年8月22日「田植唄」採集のため来秋。『秋田郷土芸術』を携えての採集の旅であった。

暁村が一緒でなかったこともあってか、山本地方の「田植唄」を採集できなかったことを惜しんでいる。生保内村では、古村りや（当時69歳）という女性の歌う「田植唄」を採集した。この唄は今我々が聴く「田植踊り唄」だったのではなかろうか。8月24日のことであった。この他、稲田作治（当時62才）の「岡本コ」と田中なつ

（当時73才）という女性の歌う「祭文松坂」「ひでこ節」も収録している。仙北民謡、特に「生保内節」の名調子で有名な秋田県文化功労者・稲田作治翁との出会いも知ることができ、これは貴重な資料ともなろう。

## (4) 小玉暁村との出会い

結局、町田が小玉暁村と会えたのは8月25日の朝であった。おもいがけない出会いであったという。生保内駅から角館駅までの短い時間ではあったが、暁村の秋田弁まるだしの話しぶりで民謡談義も大いに盛り上がり、なごやかな汽車の旅になったらしい。

私は高校時代からテレビで町田嘉章出演の民謡番組をよく見ていた。ちょっと辛口ながらもふわっと場を和らげる物言い。あの人柄なら暁村とも意気投合しただろう。

昭和16年5月は東北民謡試聴団が秋田を訪問し、数多くの民謡を採集した。町田はこの時試聴団に新に加わっており、暁村とも会っていただろう。

また、昭和17年3月15日の角館時報に載る暁村の文「東都出演の記」によれば、2月28日の大日本民謡協会発会式で町田が角館の祭典について詳説し大いに吹聴したため、その祭典気分盛り上げにつとめたことを書いている。この時が町田との最後の出会いになったのであろう。

## (5) 町田の2回目、3回目の仙北訪問

町田は昭和18年、5月と8月の2回仙北地方を訪問している。5月下旬の訪問の時の案内役は武藤鉄城であった。柳田圀男夫妻と田沢湖舟遊も楽しんだようだ。

8月2日の3回目の仙北訪問は、仙北民謡「生保内だし」「ひでこ節」「田沢おばこ」「桧木内おばこ」などの今言うところの元唄の採集が目的であった。民謡研究家で作曲家の藤井清水《きよみ》が一緒であった。

藤井清水はこの年の12月、『音楽文化』第1巻第1号で「民謡風土記(秋田県の巻)」

を執筆、発表しており、この時の民謡に関する印象とともに小玉暁村の印象についてもふれている。

「秋田民謡を今日あらしめたのは、仙北郡中川村の小玉暁村翁の功績が大きい。」

「その一生を秋田県（とくに仙北郡）の民謡の研究と指導にささげた。」

「自分でも達者に唄ったり、太鼓をたたく腕前をもつ。」

「郷土の民俗芸能や民俗史的研究にいたっては県内随一の学究を持つ。」

同行していた町田も同じ感想を持っていたであろう。いや、これは町田の代弁ではないだろうか、ふとそんな気がしている。

わずか5，6年の親交であった町田と暁村、彼らを結ぶもの、それは民謡への熱い想いである。

次の日、町田と藤井は暁村の遺族とともに墓参している。武藤鉄城も一緒だったのではないだろうか。

町田の離秋は翌8月4日であった。

## 4　小玉暁村の編輯した『秋田郷土芸術』を読む

### (1)『秋田郷土芸術』刊行の意義

『秋田郷土芸術』は、昭和9年4月、秋田郷土芸術協会より刊行になった単行本で、当時としては珍しい秋田県内の郷土芸能や民謡を解説した専門書である。

実質的にはこの本の執筆者である小玉暁村が、昭和8年9月より秋田県郷土娯楽状況調査の調査員となり調査を実施、その年の12月20日調査を終えて編纂された。

確かに、昭和8年9月～11月にかけて県や県芸術協会の企画で調査が行われたものではあったが、それ以前からの小玉暁村積年の研究が盛られたものである。

「成るべく私見を挿まず、実際を其儘うつすに努めたつもり」と感想を述べるなど、正に暁村の郷土芸能や民謡研究の一端を示す書でもあった。

当時秋田魁新報社社長で郷土研究にも造詣の深かった俳人・安藤和風をして、その序で「斯道の造詣深き小玉暁村氏…が編輯」と言わしめたもので、これこそは小玉暁村の民謡研究の著書といえ、本県民謡研究の草分けの書となったのである。

## (2)『秋田郷土芸術』成立までの若干の動き

まず、『秋田郷土芸術』の成立前後の郷土芸術活動の動きを整理してみよう。

昭和7年3月、小玉暁村は秋田魁新報紙上に「芸術の花、仙北特有の謡と踊りの断面、UK放送局に寄す」を発表している。これは、3回にわたり連載されたもので、仙北民謡を33曲紹介すると共に、それぞれの曲について簡単に解説も付け加えている。

同じ年の9月には彼の長年の夢でもあった「仙北歌踊団」が結成された。大正年代に、地元の黒沢三一という民謡の歌い手を発掘していた暁村は優れた伴奏者や若い踊り手を構成員にして仙北民謡の発信を始めたのである。加えて、民謡や郷土芸能の発掘と普及にも本格的に尽力するのである。郷土の教化と人材の育成などが郷土教育運動の目的になっていた昭和初期の時代背景を受けての活動でもあった。

そうした流れの中にあって、昭和7年12月5日、秋田郷土芸術協会が創立されたのである。

もちろん暁村もその創設に力を貸していたであろう。

明けて、昭和8年1月7日には秋田郷土芸術協会主催で「秋田郷土芸術鑑賞大会」が秋田市の県記念会館で開催された。当時の新聞報道によれば、32曲の秋田民謡等の解説と指揮には暁村があたったという。会場はさながら「仙北の民謡と踊りのオンステージ」になったであろう。

暁村はまた、昭和8年4月に秋田魁新報紙に「郷土芸術・番楽の研究」を6回にわたり連載して発表したが、その内容も『秋田郷土芸術』に盛られていくのである。

実は、この年の9月から11月にかけて県内の郷土娯楽状況調査を実施しており、大変関心を持っていたと思われる盆踊り研究も進んでいたようである。同年11月にその成果が『郷土芸術』誌に「秋田盆踊展望」として発表された。この時期には既に『秋田郷土芸術』の執筆は進んでいたであろう。

### ⑶『秋田郷土芸術』成立の年とその後の若干の動き

昭和9年3月1日に、秋田県図書館協会より『秋田郷土叢話』が刊行された。本誌には、小玉暁村の「郷土芸術往来・仙北の歌謡」と「郷土芸術研究・萬歳のまき」の2つの民謡研究の成果が発表されている。

2編とも、暁村のこれまでの研究の成果や芸能への考え方の一端を紹介したもので、「郷土芸術研究・萬歳のまき」では当時としては彼が知り得て調査研究していた数多くの文献が紹介されているとともに、秋田万歳の成立に関して科学的な光を当てるものとして後の研究者に対し貴重な資料を提供することになった。

仙北の歌謡については、お山囃子の芸謡をかわきりに、実に40曲もの仙北民謡を解説しており、精力的な研究姿勢が目を引く。面白いエピソード的なものとして、「19・秋田追分」の説明で、当時の追分節の秋田の草分け的存在であった鳥井鈴森に対する批判はあの民謡のあり方を考える上で興味ある記述といえよう。暁村はあくまでも民謡研究者としての目線を持っての持論展開であった。

さて、昭和9年4月『秋田郷土芸術』は刊行された。

その同じ月、大阪府枚方市で「東北六県・本場の民謡大会」が開催されたが、仙北歌踊団が出演している。仙北歌踊団の活躍ぶりを示す一コマである。

また同月、武田忠一郎監修の『東北の民謡』も仙台放送局より刊行されているが、小玉暁村と武藤鉄城が秋田県関係の資料提供者であったことは注目していい。

昭和9年12月18日には郷土芸術社と秋田社が主催しての「秋田民謡の夕」(『秋田』では「郷土芸術鑑賞の夕」と栗田茂治が論評)が東京・国民新聞社講堂にて開催された。同県人である栗田によれば、きりりとした暁村の司会ぶり、唄では黒沢三一の一人舞台の如くであったこと、栗田個人は生保内節、姉こもさ、岡本新内、ひでこ節などをはじめて聞いたことなどを述べる。正に、仙北民謡の紹介舞台であったことがわかる。

昭和10年8月には暁村の盆踊り研究をもとに、仙北歌踊団が角館青年団に指導し、角館盆踊りが復活した。

昭和12年3月、暁村は西宮徳水、黒沢三一を伴い、民謡研究家・町田嘉章宅を訪問し、「荷方節」「長者の山」などの録音に協力している。「岡本コ」の収録が目的であった訪問だったが、町田にとっては思わぬ副産物を得る機会になった。

昭和12年4月からは、秋田県師範学校による国民教育の郷土教材誌作成のための秋田県綜合郷土研究調査がはじまった。小玉暁村、武藤鉄城が郷土芸術分野調査の協力者となっていたことが注目される。昭和14年3月、『秋田県綜合郷土研究』は刊行された。

「郷土芸術」の項は、〈緒言―舞踊（神楽・番楽・獅子舞・雑踊・盆踊・新舞踊）―民謡―結言（附）手工芸品〉の構成となっている。その随所に『秋田郷土芸術』の成果が引用されているのである。

## (4)『秋田郷土芸術』の内容とその語るもの

本誌の性格について、その序で次のように述べている。

「昭和六年二月文部省社会教育局発表の「全国農村娯楽状況」の調査要項に準じ

て此の章名を設けたものであるが、主として郷土色の濃く鮮かなもの、たとへば祭禮、番楽、さゝら、舞踊、民謡の類の現在の状を、出来るだけ精細に調査し、これを郡別に記載したものである。」と。「第一章　県下娯楽状況」「第三章　新作民謡」についてもページを割いているが、基本的には第二章に重点をおいた。

正に〈郷土芸能の研究書〉であったといえる。

次に、その紹介された民謡や郷土芸能、民俗芸能の数について私なりにまとめてみた。

紹介、収載されている演目や曲目は約２６０にのぼる。

この表、あるいは本文より、次のことが読みとれる。まず第一に、民謡が全体の６割、盆踊り等が２割を占めていることである。これだけで、約８割を占め、

| | 雄勝郡 | 平鹿郡 | 仙北郡 | 由利郡 | 河辺郡 | 秋田市 | 南秋田郡 | 山本郡 | 北秋田郡 | 鹿角郡 | 合計 | 備考 |
|---|---|---|---|---|---|---|---|---|---|---|---|---|
| 盆踊・豊年踊 | 2 | | 1 | 8 | | 1 | 9 | 11 | 12 | 7 | 51 | 全体の19.9% |
| 囃子(含・竿燈) | | | 1 | | | 1 | | 2 | | | 4 | |
| 神楽 | | 2 | 1 | 1 | | | | 1 | | 1 | 6 | |
| 番楽・獅子舞 | | | 3 | 4 | 1 | | 1 | 2 | 1 | | 12 | |
| 獅子踊(含・ささら) | | | 11 | | 1 | | | 6 | 4 | | 22 | |
| 万歳 | | | 2 | | | 1 | | | | | 3 | |
| 民謡 | 7 | 12 | 28 | 15 | 5 | 4 | 14 | 25 | 18 | 30 | 158 | 全体の61.7% |
| 合計 | 9 | 14 | 47 | 28 | 7 | 7 | 24 | 47 | 35 | 38 | 256 | |

本書が民謡研究の書であるという性格を知ることができる。

地域的には、仙北と県北・鹿角地域で約3分の2の掲載となっている。特に、民謡、飾山囃子、甚句踊り等に関する解説が詳しく載る。このことは、暁村が地元仙北の状況に大変精通していたことを示しているとともに、恐らく岩手出身の民謡研究家で東北民謡研究の父と仰げれている武田忠一郎との交流、影響などから、鹿角方面の郷土芸術に強い関心を示していた姿をあらわすものだろうと私は考えている。

次に、番楽や獅子舞の調査研究では河辺・由利郡地域の情報収集が少なかったことがわかる。本海流獅子舞・番楽や小滝舞楽を有する本県のこの種の芸能の集積地・由利地域での調査報告が少なかったのであろう。これに比して、仙北や山本地方のささら、阿仁の根子番楽を中心とした郷土芸能の記述は詳細で、芸能の由来や当時の芸態などを知るうえの貴重な資料となっている。暁村のこの方面での関心の高さを示す事例ともなろう。

さらに興味深いことは、今とは違った内容を研究できるなど、各地域の芸能を知る好著となっていることである。

例えば、豊年踊については、「産土神の祭事世話方が指揮、男女おもいおもいの服装で踊ること」などと説明し、現今の西馬音内盆踊の由来や本来の衣装の姿などを想像させる表現で解説していることである。昭和初期の頃の写真で見る限り、浴衣姿で鉢巻きをして輪になって踊る姿態は、文政年代に菅江真澄が『月の出羽路・仙北九』の「本郷　大曲邑」で示している図絵の〈盆踊り・万作をどり〉とそっくりなのである。また、明治年代に旧植田村の郷土史家、近泰知が著した明治期の農村史誌『植田の話』の「第一二章　風俗・芸能・行事、二九・盆踊」の項に載る図絵を見てもこれまた同類といえる。人々の豊作祈願、万作を喜ぶ姿は素直に表現されている。曲調の主体は「秋田音頭（おんどう）」であった。旧平鹿町浅舞では明治以来〈秋田の久保田踊り〉とその伝播の由来を示してくれる名称で踊られていた。

この他、角館の飾山囃子も詳細に紹介、三下がり（大山ばやし）と勘違い（小山ばやし）のことにも触れるなど演目の姿を知るうえの貴重な資料となっている。

現在、私達が「大日堂舞楽」として知っている鹿角八幡平の芸能も「祭堂の小唄」と表現されていたことが理解できる。「お堂の舞」という現在大日堂で鑑賞できる舞に入るまでの様々な舞も紹介するなど、その歴史を知るうえの参考になる。同じ鹿角地方で歌い踊られる鹿角甚句についても当時は「甚句踊り」と呼ばれていたことがわかる。一つ甚句（毛馬内方面）と二つ甚句（大湯・柴平方面）のことや唄のみで踊られることにも触れるなど、今日へのつながりを知る手がかりを与えてくれる。

以上、概略その内容や特徴に触れてみたが、この調査は県内の各小学校長に協力依頼してのものでもあったが、他に県内数十カ所に紹介して資料収集したことや暁村自身の研究成果を盛り込んでいることなどを考えれば、小玉暁村の考えの一端が示された彼の民謡研究の書であったことは明らかである。それは、民謡の伝播・移入の考察、歌詞の検証、分布上の特色などを論じる点などに如実に表現されていた。

### (5) 資料『秋田郷土芸術』を活用した研究者達

小玉暁村の編輯した『秋田郷土芸術』。この書をまた、当時の郷土芸術研究者も活用していた。小寺融吉の「雄勝郡の豊年踊り」（西馬音内の盆踊）や「由利地方の盆踊」「南秋田、山本地方の盆踊」などの盆踊り研究ではその一助となっていた。また、町田嘉章の「生保内の田植ゑ唄」「道川村、仁井田等の田植唄」「南秋田、山本地方の田植唄」などのうち八森村、道川村、生保内村等のものの採集ではこの書が参考になっていた。「岡本新内」の研究家、藤根道雄は平鹿郡の項に載る「岡本新内」を知ったであろうし、暁村の教示を受けて「岡本コ」の由来に関心を深めたと思う。

さらに、本田安次は「番楽」「さゝら」「神楽」「獅子舞」等の記述においてこの書から多くの示唆を受けていた。

武田忠一郎は『東北の民謡第一篇　岩手県の巻』『東北民謡集―秋田県』（いずれもＮＨＫ編）などを世に出した人物であるが、小玉暁村による数多くの民謡研究成果が盛られている。

こうしてみると、私は『秋田郷土芸術』の価値は秋田民謡を知る道しるべにもたとえられるのではないかと考えている。

## 5 「東北民謡試聴会」と小玉暁村の〝所感〟

### ―昭和十六年、紹介された秋田民謡の特徴―

### (1) 昭和十六年五月十七日に東北民謡試聴団が来県

仙台中央放送局の企画で東北民謡試聴団による「東北民謡試聴の旅」が実施されたのは昭和十六年五月十五日から二十日にかけてであった。この企画が当時のことばでいう「精神作用」とか「郷土愛の高潮」「健全なる慰安娯楽」あるいはこうしたことを実現する「新体制下の文化事業」として位置づけられていた。

民謡研究家の町田嘉章（佳聲）は後年、試聴の旅のコースや案内などについて提案したのは武田忠一郎と後藤桃水であったという。また、特に演奏してくれる土地の人々に接し本来の民謡のよさを知って欲しいと願っていた武田忠一郎の意向が強く反映していた旅であったともいう。

この頃武田は、仙台中央放送局の嘱託をして東北民謡の採譜を手がけていたし、岩手高等女学校の音楽教師もしていた。この試聴の旅が後年東北各県の民謡集を生むことになり、彼は「東北民謡の父」として、その業績をたたえられる魁ともなる事業でもあった。なお、後藤桃水はすでに当時「東北民謡の名手」として名声を博していた人であった。

この試聴団が秋田にやってきたのが昭和十六年五月十七日であった。団長は柳田圀男であった。当時の模様を伝える記事が五月十八日付の秋田魁新報に載る。その見出しは「豊かな唄の秋田！試聴団を酔はせる」である。

## (2) 試聴された秋田民謡は四十一曲

### ―小玉暁村が解説、その多くは黒沢三一などの民謡歌手が歌う

試聴会について記事は次のように記す。

「東北に埋れる幾多の民謡を保護し東北民の文化の姿を究明せんとして十三日福島を振出しに試聴の旅を続けて居る。

関口次郎、金子洋文、浦本浙潮、上田俊次、柳田圀男、藤井清水、小寺融吉、中山晋平、田辺尚雄、山下彬麿、信時潔、紙恭輔、土岐善麿、折口信夫、西角井正慶、野島貞一郎、武田忠一郎

の各氏を網羅した試聴団の一行は十七日午前十一時二十八分の下り列車で来秋し午後一時半より本社講堂に於て特選された民謡の鑑賞をしたが、東北地方では最も多く民謡を持つと言はれてゐるだけに、唄にも躍にも遠い祖先の生活態様が窺はれ殊に試聴団の一行は中央の民謡、歌謡、文学、作曲、音楽評論、民俗学者等の諸権威者なので、舞台に繰り廣げられる歌絵巻の一つ一つに鋭い質問の矢を向け、又自ら解説をする等真摯な研究は六時まで続けられ汲めども尽きぬ民謡の秋田に試聴団員一行は非常に感銘してあった…」

この時演奏、紹介された民謡とその唄い手などについては、『東北民謡の父　武田忠一郎伝』（黒沢勉著、信山社、1996）の206ページに詳しい。今、ここ

に記されている秋田民謡の数々を概ね地域別に分類してみると次のようになろうか。

鹿角郡　山唄、土突き唄、湯瀬村コ（春唄）（秋唄）、毛馬内甚句、津軽節、花輪囃子（七曲）

北秋田・山本郡　高谷節、駒曳き唄（二曲）

南秋田郡・秋田地域　秋田音頭、三吉節、秋田万歳、にかた節（四曲）

由利郡　本荘追分、船方節、田草取り唄、臼挽き唄、アイヤ節、竹刀打ち唄、草刈唄、松坂（八曲）

仙北郡　秋田おばこ（二種）、喜代節、姉こもさ、長者の山、草刈り唄、杓子売り唄、タント節、飴売り唄、筏節、万作踊り、お目出度い、生保内節、ひでこ節、田植え唄、おしもこ節、飾山囃子（十七曲）

平鹿・雄勝郡　西馬音内盆踊り（音頭）（がんけ）、岡本新内（三曲）

〈注〉加納初代の歌う船方節は由利郡に入れた

以上全四十一曲にのぼるが、これをみてわかるように、その四割が仙北郡地方で歌われていたものである。秋田の地で今も民謡の宝庫とされる由利や鹿角のものも含めると実に八割になる。特に、急きょ解説役を引き受けることになった小玉暁村の地元、仙北地方、そして終始関心を持って取材していた鹿角の民謡が多く紹介されていたことに特徴があろう。

また、地元有志に交じり、黒沢三市（三一）、加納初代、田中誠月、成田与治郎、小林キミなど当時の秋田を代表する歌い手が数多くの秋田民謡を熱唱した。彼らがその半数以上の曲を歌っていたことが、この試聴会を特色づけていたといえよう。

なお、町田嘉章は秋田での試聴会からこの旅に加わっている。

## (3) 試聴された秋田民謡が秋田民の姿を反映できたか？

ところで、私は前掲の記事を読んで次の三点に注目している。

（1）埋れる民謡を保護し、東北民の文化の姿を究明する

（2）紹介された民謡の唄や踊りに祖先の生活態様を窺い知れた

（3）汲めども尽きぬ民謡の秋田に非常に感銘した
（1）はこの会の目的、（2）や（3）は印象と感想を述べたものである。しかし私は、民謡歌手による歌い回しや味付け、洗練されていたであろう踊りの数々から、本当に秋田の風土や秋田民の姿が紹介できたであろうか、いささか疑問を持っている。
実は、小玉暁村はこれらの点も含め、この試聴会の意義、あるいは価値といったことについて、彼なりに検証した所感文が残っている。その名も「〝民謡試聴会〟所感」と題した一文である。昭和初期から戦前まで秋田の文化人の交流誌として定評のあった『秋田縣人雑誌』昭和十六年九月号にそれが掲載されている。

この所感には小玉暁村の民謡に対する考え方が示されているだけでなく、試聴団の面々に秋田民謡をどう聴いてもらうか悩んでいた状況が語られている点で極めて貴重な資料を提供していると私は考えている。

それは、秋田民の姿が反映されたかへの素直な疑問を示す内容でもあった。

## (4) 土地特有の味のある民謡の他に、唱歌のように変化した民謡も紹介される

まずは民謡について次のように語る。

「民謡は由来唱歌のやうに定った節があるでない。同じ圏内でも人によってその抑揚緩急に多少の相異があり、また時と共に移りもする。これが民謡の民謡たるところでその土地の色彩も時代の影もかうした間に自然反映して独特の聲調が出来上るわけ。

はじめて飛び込んで来た探究者にどこのどれがホンの正調か原歌か容易に鑑別のつかう筈もない。」

これは、私も民謡調査する上で何度となく経験しているからよく理解できる。例えば、「おばこ」という唄一つとってみても、人によってみんな味付けが違う。今は故人になってしまったが、田口佐藤右衛門さんの歌、千葉恒さんの歌、田口キヨノさんの歌、田口秀吉さんの歌、佐藤源一郎さんの歌と、それぞれに似ているがやはりどこか違っていた。佐々木由治郎先生の歌う「田沢おばこ」もやはりこの人の

味であった。なるほど定まった節はないのである。しかも抑揚緩急もそれぞれである。

だから、暁村をしてみんなが愛唱できるよう工夫して「長者の山」や「生保内節」が編曲された。黒沢三一はこの新しい曲調で歌い、仙北民謡を秋田民謡として歌い広めることになったのである。「仙北おばこ」についても、多くの部分が佐藤貞子の歌い方で秋田民謡として広まっていくが、笛や三味線が入ることで曲調も一段と整えられていったことは「長者の山」や「生保内節」も同じである。いわゆるお祭りなどの舞台や宴会の折りの聴かせる唄に変化していった訳である。この唱歌的色合いも持っていたであろう曲調が試聴会で紹介されることになったのである。

暁村は〈はじめて飛び込んで来た探究者〉が、この試聴会で聴く民謡の数々に、〈これが秋田の地の正調、原歌だ〉と思うことへ警鐘を鳴らしたのであった。

## ⑸　一時の旅人たちが土地の民謡を識るは至難の技

「採譜に堪能な研究者がたとへばおばこを探って奥地に入り、もとの姿だといふおばこ節を採譜してこれが正調であり原歌であると鬼の首でも取ったやうに発表した処で、それが果たして正調であり原歌であらうかといふ疑問である。」
「土地の唄ひ手をさがしあてても原形のままではない…（略）…結局は虹の根を掘るやうなもの」

だというのである。「おばこ」一つとっても確かに一人一人違った味を持っているし、それぞれが歌うおばこ節は暁村の時代で見れば大正・昭和初期の頃の歌になろう。明治期に著された『羽陰温故誌』（近藤源八著）中にみえる「オハコ節」は稲刈りを終えて老若男女が酒盛りの場で楽しく歌い合うものとして記されている。この時の曲調は無い。後世の土地に残る曲節から想像せざるを得ないもので確かなものは一つも知ることはできないのである。

しかも、この時代試聴された唄の多くは歌い上手の面々によるもの。そう考えると暁村の述べることばは真実そのものとなる。例えば、「秋田おばこ」を歌ったのは黒沢三一であり小林キミであった。「生保内節」は小林キミが歌っている。いずれも今我々がいうところの元唄《もとうた》ではない。編曲、三味線伴奏であでやかさを増した曲調であった。これらをどういう意味合いで正調とか原歌として取り扱ったらよいか私ですら迷うところである。しいていえば、今日からみれば〈戦前の民謡の中でも新しく生み出された秋田民謡〉とでも表現出来る位なものである。

こうしてみると、一時の旅人としての研究者達が土地の民謡のもとの姿を識ることはいかに至難の技であるかがわかろう。四季の移り変わりの中で秋田民として生活している人でない彼らに提供できる研究材料は、ある種暁村の手の中で動かざるを得なかった。そのことは、彼らが〈とにかく今ある姿で紹介してほしい〉と要望したことで十分理解できる。

## (6) 試聴会では〈現在あるがまゝの姿〉の民謡などを紹介した

「(秋田の民謡を試聴して) 定めし啓蒙指導を得て、これからのわが民謡は進むべきみちを誤りなく進み、一般の盛行を来たすに違いない」

などと期待を述べた暁村ではあるが、結果は前述のとおりであった。そのことを暁村は次のような表現で述べるのである。

「主催者側としては、どの辺を持ってよいか演奏者もどの時代の姿を演出してよいかゞ考えた物であった。しかし結局先づ現在あるがまゝの姿でといふ事にした。…(略)…ふるき姿をのぞむものには現在の姿は勿論慊《あきた》らないに違ひないし、推移の姿を研究しようとするものには、只一時相だけでは満足出来ないにきまってゐる。」

暁村達は結局古い前代の民謡の姿は紹介できなかった。仙北地方の民謡を解説した彼は、仙北歌踊団が踊る民謡、芸能の数々を今ある姿として紹介した。やむを得ないといえばそういうことにもなる。「おばこ節」「生保内節」「長者の山」などの唄は角館の祭礼気分を味わってもらおうと、笛、三味線、太鼓、摺鉦で合奏し鑑賞してもらった。演奏する側からすれば、これはねらいそのものであったが、もし唄のみとして聴いてもらうのであれば、囃子は必要でないと暁村は述べる。

〈伴奏なしで土地の人々の声や手拍子のみで歌っているスタイルであれば、そうして欲しい〉と明解に要望されればそうしたであろう。しかし、何よりも彼は仙北歌踊団を生み育てた人である。その出場場面も当然意識していた。あらゆる要望に応えるには日程や時間的制約もあった。

だから暁村は次のような一文を残すのである。

「主催者側のねらひはあらゆる角度からといふところに存するやうで…（略）…この点が却って或ものをして不満を抱かしたことであろう」

と。演出する側の苦労をみる思いがする。

## (7) 紹介民謡への理解は十分といえなかった試聴会

紹介された民謡や踊りがかつては持っていたであろう姿や変化について、暁村が具体的に次のようにまとめて述べている。研究者としての一面を見る。

（1）作業の形態について歌われている田草取唄や尻ざりに植えられていた田植えも変化してみられなくなり今はもっぱら酒の座で歌われていること

（2）秋田音頭の踊りは盆踊りで頗る武骨に踊られていたが、後に芝居踊の手により、更に芸妓の手により賑かな踊りに変化したこと

（3）おばこ節、生保内節、長者の山は今でいえば酒の座や祭礼の桟敷で踊り唄われるようになっていること

（4）荷方ぶしはもと純然たる流行歌（いわゆる新潟節）であったが、淀んで作業唄になり、やがて酒席唄になったこと、そして聞かせる唄になって舞台で演唱されていること

（5）摺鉦のみで歌われた飴売節は三味線がついて舞台で歌うようになったこと

（この形式は特に明治以降関東や東北各地にみられた歌い方であったことや新保広大寺くずしの曲調が入っていたことは暁村は指摘していない）

（6）番楽も一種の神事舞が見せものとして演じられていること

（東北北部から山形、宮城にかけて、山伏が舞う神楽として信仰を集め親しまれていたこの芸能に暁村は強い関心を示していた。しかし、やがて村人が舞いを習得し農村の娯楽として定着したこの芸能を見て多くの秋田民が育った意義を否定はしなかったのではないか）

これらのことを試聴団一人一人が理解していて秋田民謡の今の姿を鑑賞して欲しいと願っていたのかも知れない。制約された時間の中での紹介に、彼はつくづく理不尽な思いで演出や解説をしていたのであろう。

## ⑻　暁村、突然の解説役！　準備不足で不満の残った試聴会

試聴団があらかじめもっと目的をはっきりさせ、彼に相談でもしてくれていたならば、あるいは舞台演出もかなり変わっていたかも知れない。〈あらゆる角度から〉という試聴団の要望は、やはり当時としては〈現在あるがまゝの姿で〉ということに落ち着かざるを得ないものにした。しかも、民謡等の解説依頼が試聴会の直前だったと暁村は述べる。「こんな風で、自分は当日突然解説の役を仰せ付かったが、さてどの程度まで解説すべきか当惑した。…（略）…結局御歴々の前に僭越なとも考へて結局簡単に片付けた。」

というのである。ある種不満の残った試聴会になったのである。

「（汲めども尽きぬ民謡の秋田に感銘を受けた）権威方の感想をみて遺憾ながら私の抱いた如上の予想が図にあたったのもあって苦笑せしめられた」

と。小玉暁村の偽らざる感想の言である。

## ⑼ 金子洋文の意見への批判！ 暁村の「民謡発信」への姿勢をみる

小玉暁村はこの所感文の末尾でこう訴えた。

「たとへば古い時代の作業歌のやうな其の儘現代に生かしえぬものをいかにしてよいのかの問題である。口聞き或は採譜し或は録音しただけでは作曲の資と考古の材にはなろうが、そればかりでは餘りに能がないやうにおもふ」

と。「口聞き」「採譜」「録音」を目的にして民謡を試聴した東北民謡試聴団の有識者の一員に秋田県人として金子洋文が加わっていた。劇作家として秋田の論客としてその名を博していた彼は昭和十六年五月二十一日付の秋田魁紙に感想の一文を載せた。「東北民謡試聴団にきく（上）心ひかれた作業唄」がそれである。

「従来の古い正しい民謡の故郷の精神を発掘して、そこから新しい出発をせねばなりません。そんな所に今回の目的があります。」

「三味線とか太鼓とかのついてゐるのは概して素朴さがないやうです。大ていは興業化していけなくなってゐます。…（略）…三味、太鼓の無いものは無いままでいゝし、あるものでも興業化を防がぬと本質的なよさが保たれなくなるのでせう。」「商売にうたふ人達や半芸人的に頼まれて歩く人達の唄はよくありません。節廻しは上手かも知れませんが正統派ではなくなってゐるからです。秋田でもそれを痛感しました。」　これらの見解の殆どについて暁村も理解していた。だからこそもっと事前の打ち合わせが必要だったと彼は考えていた―私はそう思っている。

暁村への急な解説依頼、現在有るがまゝの姿での民謡紹介と演出…、あまりに急場しのぎであった。団員の中には暁村を知る人は何人もいた。武田忠一郎や町田嘉章、藤井清水、小寺融吉、そして柳田圀男も。この頃、秋田の民俗や郷土芸能に造詣の深かった安藤和風はもういなかった。今、民謡を識る第一人者は小玉暁村であった。私はそう考えるからこそ、もっと早くそして事前に時間をかけて打ち合わせをして欲しかった。

金子洋文はこの文に続けて、生保内節を黒沢三一に歌わせたことへ不満を示しているが、だからこそ暁村はじめ地元の識者と、どういう形で試聴してもらうか話し合うべきであった。鹿角、山本、由利の地元の方々の民謡紹介、曲調に一様に評価を与えている金子が、仙北地方の唄と踊りにたいしては半芸人風が強すぎると批判的になっていた。彼は、仙北歌踊団の存在を興業芸人集団としてみていたのである。暁村は、彼が育ててきた仙北歌踊団を現在有るがまゝの姿で出演させた。この側面を金子がよく理解して感想の一文を書くべきであったろう。誠に理不尽を覚える。

## ⑽ 歴史資料としての価値の高い「試聴された秋田民謡」

試聴された秋田民謡の数々。それは昭和初期から十年代に歌われていたものである。まさに貴重な歴史資料である。この資料があるからこそ、かつてのわが郷土の民謡を知ることができる。今、その曲名が同じでも中身を考えればもうすでに消えてしまった曲調もあろうし、大きく変化した曲調の民謡もあろう。時代を重ねることで民謡も変化する。

当時は小玉暁村等の努力で、生保内節、長者の山、ひでこ節などは新しい曲調になりそれが試聴されたのであるが、今ではその後の芸人達の努力でなお一層聞かせる唄に変化している。

暁村がある種不満を持っていた試聴会ではあったが、現在消滅の危機に直面している「民謡文化」に光をあてた「民謡試聴団の企画」はその意味で価値を持っていよう。

金子洋文の状況不理解からくる試聴会の感想文。しかし、この試聴会で仙北歌踊団は一生懸命仙北特有の味を出し切っていたことは間違いない。今から見るならば、もう八十年も前の秋田らしい唄と踊りを伝えていた。それは又優れた芸謡の遺産になると、改めて評価を与えたい。

## おわりに

小玉暁村と金子洋文。実はこの二人は昭和初期の東北や秋田の現状を憂えるのみでなく、農村復興と地域再生、人材育成を真剣に考えた人でもあった。そして、土地にしっかり根をおろしている「大地の人」に対して民謡の素晴らしさを説く人でもあった。

特に小玉暁村は仙北民謡を秋田民謡に押し上げた人でもあったし、県内に伝承されてきた優れた芸能を紹介した人でもあった。「仙北歌踊団」の活躍と角館の飾山囃子の度重なる公演への関わり、西馬音内盆踊の全国への紹介、大日堂舞楽や根子番楽などへの強い関心と紹介などはそれを物語る事例といえる。

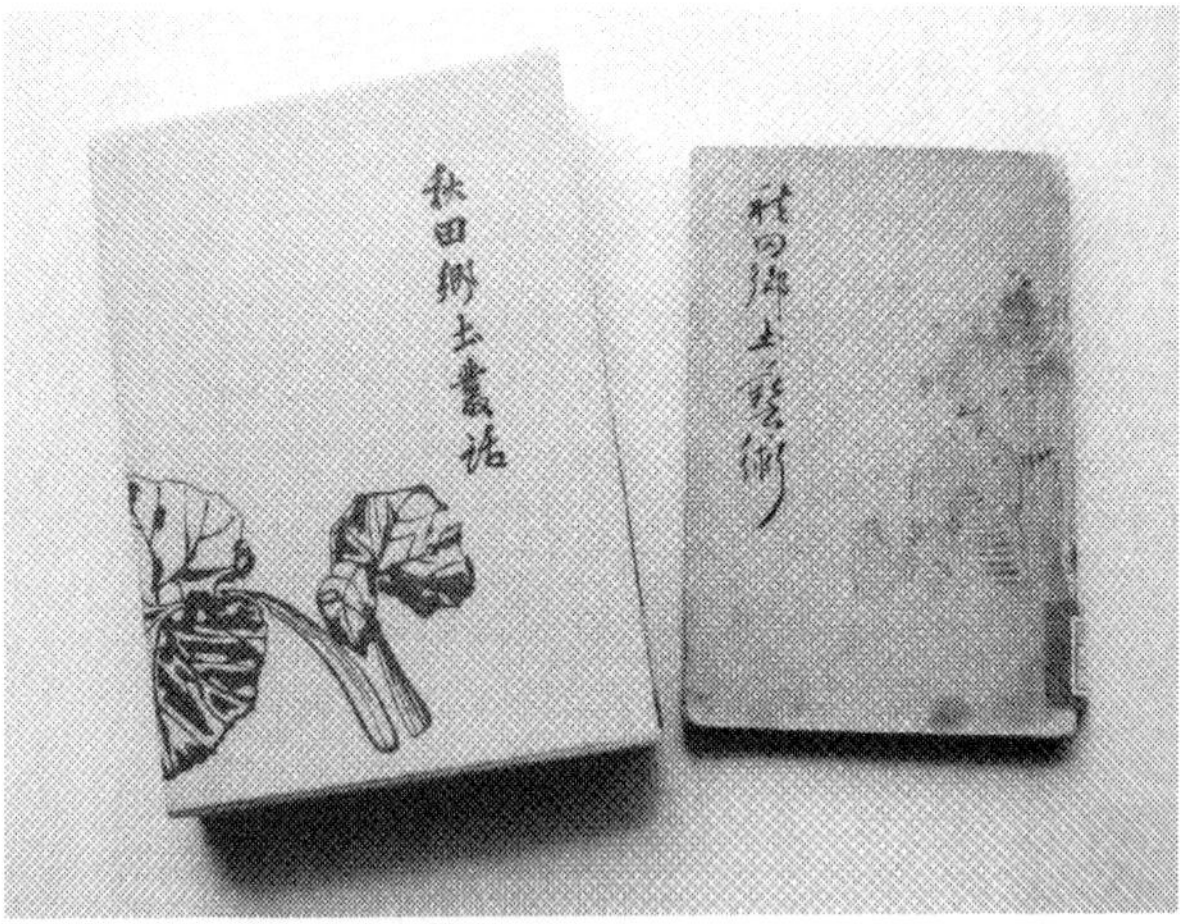


暁村の著作
右：暁村の編著『秋田郷土芸術』
左：暁村の「郷土芸術往来」所収の『秋田郷土叢話』

〈資料 1〉『秋田郷土芸術』に取り上げられた主な郷土芸能や民謡

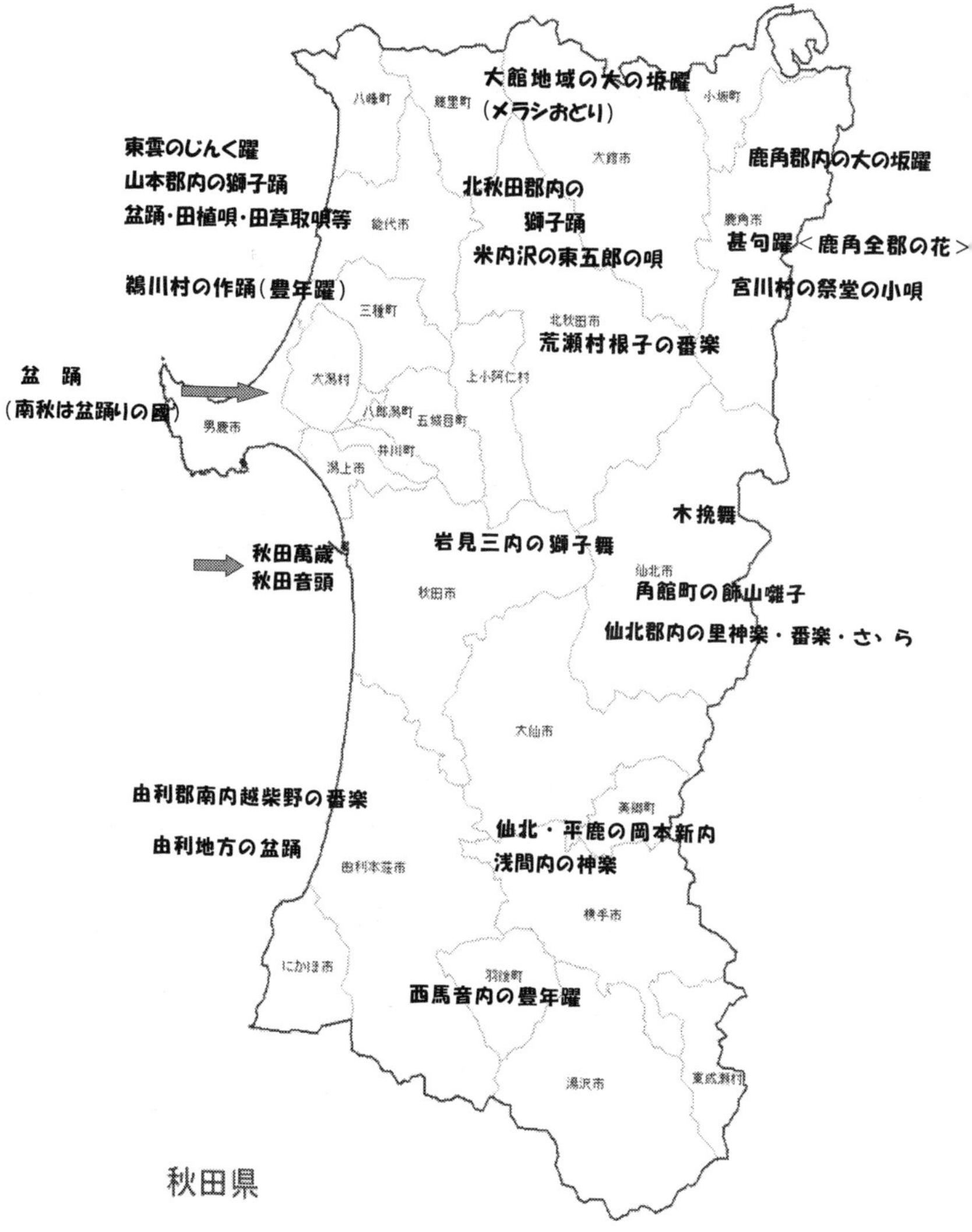

## 昭和10年以降の「新民謡」の事例

| | |
|---|---|
| ①ドンパン節 | 高橋市蔵＝（黒沢三一）＝小玉暁村<br>（円満蔵甚句）　　（ドンパン節） |
| ②秋田酒屋唄 | ・鳥井森鈴の酛摺唄<br>（昭和初期に南部杜氏の伝えたものを編調という）<br>・戦後、永沢定治が、湯沢と五城目の酛摺唄を編曲したという。 |
| ③秋田港の唄 | ・昭和６年作曲の「みなと小唄」にヒントを得て、昭和14年、金子洋文が作・曲。 |
| ④おこさ節 | ・昭和16年、成田雲竹が北陸巡業時に作・曲という<br>→昭和23年三浦寒月がレコード吹込み |
| ⑤久保田節 | ・昭和26年、児玉政介、永沢定治が作・曲<br>→昭和28年、山田美津子がレコード吹込み |
| ⑥秋田節 | ・昭和28年初代藤田周次郎、小野峰月作・曲<br>→昭和33年、同34年にレコード吹込み<br>（生保内節と）（深浦音頭と）<br><br>（藤田の夫人は、太田町出身の髙橋八重子、藤田は深浦町出身、「秋田節」記念碑あり） |

## 〈資料２〉『秋田郷土芸術』に載る「新作歌謡」

| | 曲数 | 特　記　事　項 |
|---|---|---|
| 雄勝郡 | 1 | |
| 平鹿郡 | 3 | |
| 仙北郡 | 7 | ・大曲花火音頭<br>・金澤旧蹟の唄<br>小玉暁村の作～「八幡神社かけ唄で一同が謡うことにしている」とある |
| 由利郡 | 12 | ・小島彼誰の作が多い<br>・若松太平洞作詞の「本荘小唄」 |
| 川辺郡 | 1 | |
| 秋田市<br>（含、県の１） | 8 | ・小島彼誰の作が多い<br>・ハタハタ音頭～金子洋文、小松平五郎作・曲、石井漠振付 |
| 南秋田郡 | 5 | ・みなと小唄～西條八十、中山晋平作・曲<br>・新船川ぶし～「船方節の曲で謡ふ」とある<br>・湊音頭～「港の唄」をおもわせる歌詞、囃子詞 |
| 山本郡 | 5 | ・能代音頭～野口雨情、中山晋平作・曲 |
| 北秋田郡 | 2 | |
| 鹿角郡 | 6 | |
| 合　計 | 50 | 《おおむね、昭和８年頃までの様子》 |

| 町田　嘉章 | 本田　安次 | 備　　　考 |
|---|---|---|
| ・生（群馬県） | ・生（福島県） | ・小寺融吉　生（東京都）<br>＜盆踊や舞踊の研究＞<br>＜暁村の文献等にも注目＞ |
| | | |
| *この頃より民謡採集を本格的に始める* | *旧制石巻中学校教諭<br>この頃より東北各地の民俗芸能研究活動を行うようになる* | **第5回全国郷土舞踊民謡大会** |
| →*暁村の活動に注目*<br>⇩<br>**民謡が収録される＞** | →仙北地方訪問時に暁村と出会う<br>この頃、神楽の研究を中心に東北の民俗芸能整理 | →9月3日仙北歌踊団が秋田放送局より放送、町田は暁村のお国訛りに感動 |
| 8月来秋、暁村と出会<br>試聴団メンバーとして参加<br>→角館祭典について解説 | 「奥羽の歌謡」発表 | **→『秋田郷土芸術』携えての訪問**<br>『秋田郷土芸術』も参照する<br>2月大日本民謡協会発会式にて田辺尚雄。藤田徳太郎が公演<br>『秋田郷土芸術』も参照する |
| 作曲家・藤井清水と共に仙北訪問、暁村の墓参り | 1949（昭 24）早大に奉職<br>1954（昭 29）『霜月神楽之研究』刊行 | |
| 昭和55「日本民謡大観」が完結<br>1981（昭和56）逝去 | 1960（昭35）早大教授<br>2001（平成13）逝去 | 1945（昭和20）小寺融吉逝去 |

## 〈資料 3〉小玉暁村と周辺の人々

| | 黒澤　三一 | **小玉　暁村** | 武田忠一郎 |
|---|---|---|---|
| 1881（明 14） | | ・生 | |
| 1888（明 21） | | | |
| 1892（明 25） | | | ・生（岩手県） |
| 1894（明 27） | ・生 | | |
| 1895（明 28） | | | |
| 1906（明 39） | | | |
| 1900 年代 | | このころより郷土芸能・郷土史家として活躍へ | |
| 1913（大 2） | | 「お末娘ぶしについて」 | |
| 1916（大 5） | | 「おばこの起源」 | |
| 1917（大 6） | | 「仙北踊の話」等々<br>**＜おばこ節論争の時代＞** | |
| 1922（大 11） | 小玉暁村との出会い —— | 日三市祭典にて | |
| 1929（昭 4） | | | |
| 1930（昭 5） | **≪飾山囃子と仙北民謡の全国発信へ≫** | | |
| 1932（昭 7） | 民謡歌手として成長⟷ | 仙北歌踊団の結成 | *この頃より暁村と親交へ* |
| 1933（昭 8） | | 本田安次との出会い ← | |
| 1934（昭 9） | | 『秋田郷土芸術』刊行 | |
| 1935（昭 10） | | 「俚謡民謡マイクの旅」に出演 ← | |
| 1937（昭 12） | **＜暁村・三一・西宮徳水の三人が東京の町田嘉章宅を訪問、数多くの仙北** | | |
| 1940（昭 15） | 秋田県派遣皇軍慰問団として北支訪問（6～7月） | | → |
| 1941（昭 16） | **5月東北民謡試聴団来秋**で仙北民謡紹介 | | 試聴団メンバーとして参加 |
| 1942（昭 17） | 歌い手として出演民謡解説 | 2月大日本民謡協会発会式（民謡解説）<br>**4月15日逝去** | 発会式に参加 ——<br>6月「東北民謡集・岩手」 |
| 1943（昭 18） | | | |
| 1945 年以降 | 1967（昭和42）逝去 | | 昭和31.32.34.35.37.42の順で「東北民謡集」刊行<br>1970（昭和45）逝去 |

# あとがき

工藤一紘

敬愛して止まない麻生正秋さんが、このたび「秋田の唄っこ―伝えた人々、根づいた民謡」を刊行された。心からおよろこび申し上げるとともに、知り学ぶことの多い内容として、今後、県内外で広く読み継がれることを願うものである。

この著には本田安次、町田嘉章、小玉暁村、武田忠一郎、田中誠月、永井錦水などの先人が登場するが、麻生さんは今日、そうした先人たちの業績を顕彰できる県内では数少ない研究家であると私は密かに自負している。

私と麻生さんとは二十代に出会い、秋田県高校民謡連盟や秋田県高校文化連盟を通じて民謡の研究と顕彰活動を共にしてきた。あきた郷土芸能推進協議会を立ち上げ、平成二十七年四月にスタートした市民講座は七年目に入っている。これまで郷土芸能が地域づくりに果たしている姿を探るシンポジュウムを開催している。

麻生さんの著書は、いわば私たちの道しるべであり、麻生さんが高校生や大学生の頃からコツコツと取材、調査研究してきた集大成である。

あきた郷土芸能推進協議会には全県七十人を超える芸能・民謡・民俗芸能伝承の

指導者と継承に心を寄せる有志が加入されているが、卓越した麻生事務局長のリーダーシップで会の運営が行われており、麻生さんは事業の要でもある。

麻生さんの著書を一読して気づくのは民謡への限りない愛情、愛着であり、「民謡の持つ力」への信頼だ。麻生さんの考える「民謡の持つ力」とは民謡のもつ「芸術としての価値」であり「いのちの発露」ともいえよう。

例えば、第一章「『そんでこ節』『ひでこ節』という民謡の世界」に配されている「結びにかえて「名唱者達の歌う『ひでこ節』」は絶品である。伊藤永之介も聞き惚れた鳥井森鈴の「秀子節」のエピソード。審査員・町田嘉章も審査に使っていた鉛筆を置いて、聞き惚れたという藤井ケン子独特の「ユリとも言える節を入れて歌う曲調には体が震える思いがする」と書き、「失明というハンディを背負った彼女にとって民謡はどれほどの命になってきたか計り知れない」と「民謡の持つ力」に触れている。

「民謡は歌詞もさることながら、やはり曲調が生命である」と考える麻生さんは唄を伝える人々へのリスペクト（敬意）へとペンをすすめていく。そこに民謡研究家・麻生正秋の誕生がある。

その面から発揮されるのが「唄の転用」である。「唄の転用」とは何か。「『ひでこぶし』その伝播」の中で、麻生さんは唄の成立とその後の動きがよくわかる例として、「山行きの唄」であった「ひでこぶし」が「酒盛の唄」に転用されたもので、素朴な味わいから、はなやかな舞台用の歌へと変化した例を最上源之助の名著を引いて紹介する。その場合、岩手県の三陸海岸の北部、下閉伊地方の「そんでこぶし」などは、曲調としては調型が575型の形式をとることと、尻取り式で最後の5文字をくり返すところから紐解いていく。

第一章に配された「太平が生んだ民謡人、田中誠月と永井錦水」の章に、太平の盆踊唄「見下し節」を麻生さんが再現したことが所収されている。民謡研究家・町田嘉章が田中誠月の記憶の中にあった太平の盆踊唄を採譜していたもので、市民講座で実際に麻生さんの歌声を聴いた私には忘れられないエピソードである。

また、民謡の価値と魅力をまずきちんと定義し、唄の成立とその後の伝播と転用をさまざまな文献を使って明確化していることである。原典の資料がきちんと明示され、資料の読み方が民謡の唄い方に即して（固有名詞の読み方を含めて）確認されている。

さらに麻生流ともいえる文献への地理的ひらめきが併用される。資料の渉猟も文献に拘らず、実際に現場を歩いて調査していることである。つまりペーパー研究家でないのだ。その場合新聞掲載資料や口承資料も駆使している。

「『大正寺節』もとをたどれば『ひでこ節』」では「あらかさん節」は「荒波さん節」「荒川山節」の字があてられた可能性があり、地理的位置などから考えて、やはり雄和大正寺の碇田、萱ヶ沢周辺から下川大内の中俣、高尾のあたりと考察していることである。私の古里の事であり、強い説得力を感じる。

第三章では「小玉暁村論」を独自の視点で展開する。その特徴は圧倒的な麻生さんの採取情報と先人の系譜活動に学ぶ姿勢である。『秋田郷土芸術』（昭和9年4月秋田郷土芸術協会刊）は実質的に小玉暁村が執筆した著書であるが、秋田の民謡や民俗芸能を知る唯一のまとまった資料であるとする。麻生さんは次のように書いている。

「『秋田郷土芸術』（昭和9年4月秋田郷土芸術協会刊）は、多くの人々に知ってもらう機会に恵まれず、時の経過と共に忘れられていったのも事実ではないだろうか。深く郷土の芸能を愛した文化人・小玉暁村…幅広く郷土研究を手がけたこの偉人を顕彰することは私たちにとって決して無駄なことではないと考える」麻生さんが本著を刊した意味がここにも標されている。

（あきた郷土芸能推進協議会　会長）

## 〈人物索引〉（数字は掲載ページを示す）

〈主な参考文献等〉


| | | |
|---|---|---|
| 西木村の郷土芸能 | 佐藤祐介 | 昭和35 |
| 仙岩峠―歴史と文化 | 最上源之助 | 昭和51 |
| 小野のふるさと | 菅江真澄 | 天明5 |
| ひなのひとふし | 菅江真澄 | 天明5 |
| 民謡のおぼない | 田口秀吉 | 昭和28 |
| 田沢湖町郷土史 | 旧田沢湖町 | 昭和41 |
| 鳥海町史 | 旧鳥海町 | 昭和60 |
| 郷土芸術往来 | 小玉暁村 | 昭和9 |
| 白岩村郷土史 | 高木徳治 | 昭和6 |
| 秋田郷土芸術 | 小玉暁村 | 昭和9 |
| ひなのあそび | 菅江真澄 | 文化6 |
| 雄賀良能多奇 | 菅江真澄 | 文化4 |
| 声曲類纂 | 斉藤月岑 | 弘化(1847) |
| 日本民謡大事典 | 浅野建二編　雄山閣 | 昭和58 |
| 大正寺郷土史誌 | 相沢金次郎編 | 昭和38 |
| 綜合郷土研究・秋田県 | 県師範学校・県女子師範学校 | 昭和14 |
| 東北民謡物語 | 武田忠一郎 | 昭和26 |
| 東北の民謡：秋田県解説編 | 武田忠一郎 | 昭和32 |
| 秋田の民謡・芸能・文芸―地方文化の源流 | 秋田魁文化部 | 昭和45 |
| 里の唄声 | 佐々木由治郎 | 平成元 |
| 秋田県の地名 | 平凡社 | 昭和55 |
| しもつけ盆踊り考 | 茂木真弘 | 平成8 |
| むかしいま秋田民謡 | フジオ企画編 | 昭和55 |

■著者略歴■

**麻生正秋（あそうまさあき）**

昭和 24 年（1949）秋田市に生まれる。

秋田大学卒、大学では地理学を専攻。社会地理学、民俗地理学を基礎にしながら「民謡の伝播と定着に関する地域研究」を続ける。

秋田県内の高校勤務の他、昭和 54 年から秋田県教育庁では、主に文化行政、文化財行政、生涯学習行政等に携わる。平成 22 年3月、秋田県立近代美術館副館長を最後に退職。

現在、あきた郷土芸能推進協議会事務局長、秋田県歴史研究者・研究団体協議会理事などを務める。

著書に『雪国秋田暮らしと民謡』(2005)、『ふるさと秋田・民謡ノート』(2011)、『史料：近・現代の秋田民謡　秋田の民謡、人と唄をたどる』(2017) など。

現住所：〒 012-1135 秋田県雄勝郡羽後町鹿内字杉ノ沢５１

# 秋田の唄っこ

## —伝えた人々、根づいた民謡

2021年4月10日　初版発行

編著者　麻生正秋

発行所　イズミヤ出版
印刷製本　有限会社イズミヤ印刷
秋田県横手市十文字町梨木字家東2
電話　〇一八二（四二）二一三〇
FAX　〇一八二（四二）三〇〇一
HP:http://www.izumiya-p.com/
✉:izumiya@izumiya-p.com


ISBN978-4-904374-43-6